PATTY LYONS' KNITTING BAG OF TRICKS

もっと か ん た ん 、
き れ い に 編 め る

パティさん
の
編み物知恵袋

パティ・ライオンズ 著　西村知子 訳　フランクリン・ハビット イラスト

朝日出版社

もくじ

一

編み物は命を救う。

―― ヴァージニア・ウルフ

はじめに

本書の使い方（とその理由）

　今、あなたが手にしているのは、編み方を学ぶためのハウツー本ではありません。初心者がステップアップするために、作り目や増し目といった基本的な操作を順番に記載しているわけでもありません。本書は、みなさんがすでに棒針編みの基本的なスキルを習得されていることを前提として書いています（ただし、「おさらい」が必要なときのために「基本テクニック」ページを設けていますので参考にしてください）。

　本書は「HOW（手法を示す）」ではなく「WHY（理由）」を説明する本です。理由といっても「なぜ編むのか？」ではなく、「なぜそのように編むのか」を追究する本です。WHY を理解すれば、それをよりよくするための HOW を見出せるわけです！

　私は 10 年以上、全米を飛び回って編みものの「小技」（トリック）と、HOW ではなく WHY に焦点をしぼることの意義を伝授しています。

　この間、多くのニッターのみなさんから私が伝授している技を一冊の本にまとめてほしいとのリクエストを頻繁にいただくようになりました（ベストをつくしますが、おそらく本書が印刷所に届くころにはさらに新しいトリックが生まれていることでしょう。そして日本語版が出版されるころには一層増えているかもしれません！）。

　本書については、まずは、はじめから最後までをひと通り読んでいただくことをおすすめします。この本ではひとつのアイディアが次のアイディアにつながっていくので、そのほうがそれぞれの技を最大限に活かしてもらえると思います。それ以降はプロジェクトバッグなどに忍ばせて必要なときに活用してください。スキマ時間にページをめくりながら興味のある箇所を読む、とか。どのような方法であろうと、本書がみなさんの編み物に役立つことを願っております。

—

なぜ（WHY）に立ち向かい、編み物の腕を上げよう！

序章

ニッターの「こうしちゃダメ?」に応える本

　私は編み物を独学で覚えました。もうちょっと言うと——私は編み物を独学で覚えたのですが、なにもかも間違った方法で覚えたので、その経験談を語って生きています。この前書きを書き始めたとき、「こんにちは、パティと申します。編み物は独学で覚えました……」って、なんだか自助グループの自己紹介みたいに聞こえるなと思いました。ただ、どのようにして私がここにたどり着き、この本が生まれることになったかを語ることには価値があると思っています。

　私が編み物を始めたときには、何が「正解」なのかわかりませんでした。答えが見つからないことも多く、答えを自分で作り上げたこともありました。後に「正解」を知ったときには自分流のやり方が気に入っていることに気づいたこともあります。さらに、他のニッターたちも編むうちに私と同じ方法にたどり着いていた、ということもありました。私にとって編み物は、よりよく(より簡単に)するチャンスを与え続けてくれるものなので、今でも編み続けるかぎり、技を UNventing して（再発明して）います。

UNvention (再発明) という言葉について

　UNvention（再発明）はエリザベス・ジマーマンさんが作った造語で、自分で編みながら発見することを指します。本書には私が大好きな技と同時に自分の「再発明」も載せています。つまり誰かから教わったわけではなく、針を動かしながら自ら見出したものです。自分で「発見」したという表現は使いたくありません。世界中の何百万人ものニッターのみなさんが同じように試行錯誤をくり返しています。場所や時代が異なっていても、つねにニッターたちはトリッキーな難問に同様の解決策を見出しています。そして、それを元に別のニッターがさらなるアレンジを加える。このように編み物が永遠に進化し続けていることも、私が編み物に惹かれてやまない理由なのです。

ご紹介する技のなかにはきれいに仕上げるためのものもありますが、多くは「ラクに編む」ためのものです。まさに「怠惰は発明の母(Laziness is the mother of invention)」という格言そのものです。

　どのような状況においても、本書の技が唯一の方法であるとか、最善の方法(そのようなものが存在するならば、の話ですが)とか、いっさい思っていません。たんに自分流(パティ流)というだけのことです。

　読者のみなさんにも、本書を読みながら「アハ!(目からウロコ)」の瞬間が1度や2度おとずれ、さらに「それなら、こうすればどうだろう?」と自分流の方法を模索してもらえることを願っています。

　このように、本書は編み物にまつわる「**WHY** なぜ(理由)」を説明する本というより、むしろ「**WHY-NOT** こうじゃダメ?(別の方法)」と選択肢の幅を広げる本です。

　ここまで読まれて、みなさんは、独学で編み物を覚えたニッターの私が、いかにして編み物の先生になったのだろう?と思われていることでしょう。手短かに言うと、やってしまいそうな失敗はみんなしてきました。なぜって、誰にも頼れずひとりで編んできたし(当時は編み物関連のブログや YouTube の教材などありませんでしたから)、そしてすべての解決策を自分で考えざるをえない状況だったからです。このような経験から、私は次の3つの根源的真理を見つけました。

---

❶ 編み物の失敗は、その時は思いもしないけれども、じつは高度な技法であったりする。

❷ ニッターの間では触れたがらない話題がある。

❸ それはあなたが悪いのではなく、彼ら、つまり編み目のせいである。

根源的真理 その1
編み物の失敗は、その時は思いもしないけれども、
じつは高度な技法であったりする。

　私が編み物を始めたころは、自分はあまりにも間違いが多いと思っていました。今そのときのことを振り返ってみると、その失敗はじつは**高度な技法**で編んでいただけのことだったと気づくことがあります。リブ編みを編むときに、針先を次の目に入れる前に糸を前後に移していなかったために、かけ目ができてしまったこと——これは透かし編みですね。段の途中で編む方向を変えてしまったこと——これで引き返し編みをしていたとは思いもしませんでした。目は落とさなかったけど下の段の目を編んでいたこと——ブリオッシュ編み（引き上げ編み）まで編んでいたなんて！

　みなさんもきっと同じようなことをされていると思います。あわてないで。その「間違い」をほどく前に、もう一度じっくり見て、なぜそうなったのか考えてみてください。それはじつはもっといいやり方なのではないか、または他の場面で使えないか。失敗から学びましょう。自分の失敗が、よりベターな方法へと導いてくれるかもしれません。

根源的真理 その2
ニッターの間では触れたがらない話題がある。

　私が編み物を始めていちばん悩んだのは、ニッターたちがある話題については触れたがらないことでした。ニッターたちはいろんな編み方についてまったく問題なく編めているふりをし、さも簡単なことであるかのように装っていたのです。実際はまったく違うのに。いつしか、輪編みで引き返し編みをしたときに最後の段消しがきれいにできなかったり、伏せ目の最後の目が伸びてしまったり、小さいスワッチにガーター編みの縁編みをつけると正しくゲージがとれなかったりするのは自分だけなのではないか、と思えてくるのです。そのうち、編み地が藁人形に見えてきて編み針を突き刺したいという衝動に駆られたり（笑）。みんなは、すずしい顔をして、なにもかも順調であるかのようです。特にお見せするものはないですよ、さあさあ、編み続けましょう、と言わんばかり。しかし実際は……。

根源的真理 その3

それはあなたが悪いのではなく、
彼ら、つまり編み目のせいである。

　そう、99％はみなさんのせいではなく、編み目のせいなのです。たいてい編み目の構造が原因で問題が起こっています。しかし誰もそのことを教えてくれません（上記の「触れたがらない話題がある」を参照してください）。

　パターンでは「ゆるく伏せ止めする」と書かれています。しかし、それが実際には難しいのはなぜか、ということは書いてありません。なぜ失敗しやすいかも書いてありません。その代わり、ゆるく伏せ止めしようとしてできないあなたは、自分の腕がまだまだ未熟だからと自分を責めるのです。ここで本書が登場するわけです。編み物のテクニックを細かく分析して、神話を覆します。編み物の「なぜ」だけでなく、「こうしたらどう？」も一緒に追究していきましょう。

さあ、みなさんも糸と針、
そしてお気に入りの飲み物を用意して、
編み物を楽しみましょう！

本書を読まれる前に（訳者より）

パティさんのこの本を手に取っていただきましてありがとうございます。

ふだん編み物をしていても、なかなか思いつかないことをパティさんは追究し、私たちに伝えてくださっています。このたび、日本語への翻訳作業を通して、訳者自身も目からウロコが落ちる瞬間が何度もありました。

また、改めて気づいたのが、原文の英語と日本語の編み目の表し方のちがいです。

英文パターンでは編む手順がすべて文章になっており、使用する用語（特に編み目の表現）に略語を使用するのが大きな特徴です。それは、編む操作を文章にしたものを、ギュッと圧縮して略語にして表記しているからです。この略語の元の文章を覚えておけば、操作そのものになるということ。そのもっともわかりやすい例が K2tog = knit 2 stitches together、「2目を一度に表目に編む」。つまり「左上2目一度」です。

それに対し、この例の「左上2目一度」のとおり、日本語の編み目の名称は、「左側の目が上になる2目一度」というように、できあがる編み目の表情や形状を表しています。くわしい操作にかんしては、すでに知っていることが前提です。

これが英文パターンで編むことと、日本式に編み図の編み目記号を見ながら編むこととの大きなちがいです。本書中ではこのような表現のちがいについて、できるだけわかりやすいよう補足していますが、編み目を表現する仕方の根本的なちがいから、日本語では聞きなれない表現も本書中に登場しています。

その最たる例が「ねじり目」の操作です。英語では knit through back loop（バックループに針を入れて表目に編む）。この「バックループ」という言葉は、「針にかかっているループ（＝編み目）における、（針の）後ろ側の部分」を指します。つまり、上の図のように、「ループの後ろ側の足と左針との間に針を入れ、表目に編む」ということです。これを日本語では「ねじり目に編む」と簡単にすませてしまいます。本書ではこの動きを、**「針をループの後ろ側に入れる」**と表します。「バックループ」があれば「フロントループ」もあります。これは別々に存在する「ループ」を指すのではなく、針にか

針を後ろ側に入れる

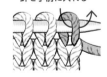

針を手前に入れる

かっている編み目を編み手の目線から見て、**編み針の手前側か、後ろ側か**、ということです。なお裏目を編む場合は、図中の針を入れる矢印の向きが逆になります。

また編み目の「右足」「左足」にかんしても、一般的に日本では編み目の「右足」が「フロントループ」（＝針の手前）となっている状態を、正しいかかり方と見なしていますが、この点についても世界ではとても寛大です。本文中でくわしく説明しています。

本書を通して、編み物は自由で楽しいものだと実感していただけるとうれしいです。

知恵のことば

一

編み目を**自分のもの**にしよう。

第1章 編み物の真理

始める前に：
母親たちが決して語らなかった真実

　一連のトリックを披露（ひろう）する前に、大切なことをいくつかお話ししておきましょう。なにかを変えるには、その成り立ちを理解しておかなければなりません。

────── 表目や裏目やその他諸々 ──────

　ジュリー・アンドリュースさんが「ドレミの歌」で歌っているように、「いちばん最初から始めましょう、始めるのによい場所だもの」。いえ、作り目から始めよう、ってわけではありません。そこから編み地が生じる、言わば（生物学で言うところの）「原始のスープ」──表目とは何か、裏目とは何か、の話です。

　きほんの「き」から説明しますと、表目はループ（輪）からループを引き出したもので、裏目はループからループを押し出したものです。この事実を認識すると、編み地が今までとまったく別物に見え、複雑なテクニックも簡単に覚えられるようになります。

　私が編み物を始めたときにも誰かがこのような説明をしてくれればよかったと思います。こどものころに祖母が表目と裏目を教えてくれましたが、それ以降は20代まで編み物に手をつけませんでした。その後、友人がいわゆる「このように」手法で教えてくれたのです。みなさんも経験したことがあるでしょう。「ほら、針先をこのように入れて、糸をこのようにかけて、ここからこのように引き出してくるのよ」と。

「このように、このように、このように……」というスタイルで教えることの問題点は、実際のところ何をどうしているのかがまったくわからないという点です。針とは、ただ糸をループから引き出したり押し込んだりするだけの道具である、ということが私にはわかりませんでした。小さい手がループから糸をつかんで引き出す──これって「腕編み」と同じですよね！　さらに、表目と裏目とのちがいは、前段の編み目の頭（先端）がどうなるかということだけだ、ということにも気づきませんでした。くわしく見てみましょう。

編み目の構造について：まぎれもない真実 ———

表目を編むときには、針先を編み目の手前から後ろに入れて、新しいループを**手前に引き出します**。これにより前段の編み目の先端は後ろ側へ押しやられます。この前段の目の動きを右図の矢印で表しています。

表目

裏目を編むときには、針先を編み目の後ろから手前に入れて、新しいループを**後ろに押し出します**。これによって前段の編み目の先端は手前に押し出されます（そして新しい目の首に巻き付いた裏目の凸になります）。前段の編み目の先端が手前に押し出されているところを右図の矢印で表しています。

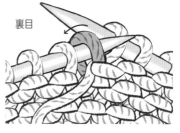

裏目

裏目の凸を理解することは、「じつは自分が悪いのではなく編み目のせいだ」ということがわかり始めた第一歩でした。長い間、私は自分が編んだメリヤス編みがカールしてしまう理由がわかりませんでした。私の何がいけなかったのか。表目と裏目の関係性を理解してみると、編み方にはまったく問題はなく、原因は編み目の構造にあることがわかりました。

メリヤス編みはニット界の「ローレルとハーディ（極楽コンビ）」に当たります。表目は横幅が広く縦に短い（やや上半身が

重くてジムの下半身トレーニング・デイをいつも休む人みたい）。裏目は縦長で細い。ということは、少し奇妙に聞こえるかもしれませんが、メリヤス編みの編み地では表面（表編みの面）は裏面（裏編みの面）より幅が広くなります。裏目の凸が同

じ面で引き寄せ合うと、編み地はカールします。

　編み物を始めたころ、ようやく編み上げたメリヤス編みのスカーフがメリヤス編みの筒のようになってしまったのはこのためでした。みんなには意図的にそうした、と誤魔化していましたけどね。

　今では「メリヤス編みをカールさせない方法」とグーグルで検索するとブログやYouTubeで数多くの修正方法が見つかります。しかし、メリヤス編みがカールしないようにするための本当の答えは……「できない」です。巷で言われていることは全部**ウソ、ウソ、ウソ**なのです。

リブ編み：裏目の縦列

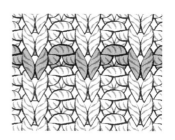

　裏目は縦に並ぶと後退し、編み地は横方向に伸びます。リブ編み（ゴム編み）のように。表目は裏目より幅が広いことがわかっていれば納得できるはずです。

仲間3人がビーチで寝そべっている様子を思い浮かべてみてください。
真ん中に寝ている人は、両脇の肩幅の広い仲間たちに挟まれ、
砂に沈み込んでしまいます。

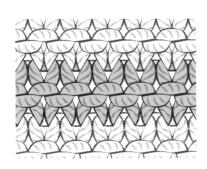

ガーター編み：裏目の横列

　裏目の凸は横に並ぶと突出し、編み地は縦に伸びます。ガーター編みのように。

「ちょっと待って、裏目の凸は細長い、って思っていたのに」と言われるでしょう。たしかにガーター編みを（裾の縁編みのように）数段編んだだけなら圧縮したような編み地になります。しかしガーター編みは何段も編むと重力が作用して伸びます。

シルク・ドゥ・ソレイユの曲芸師が
普通に肩車をしていると、
小さくコンパクトに
おさまるように思えます。

では、曲芸師8人が足を
前の人の肩にかけて、
高いところに張ったワイヤーから
ぶら下がった状態に、重力が
作用するとどうなるでしょう。
想像してみてください。

16

かのこ編み：
表目と裏目の数が等しい

　今度はかのこ編みや 2 目かのこ、さらには表目と裏目を組み合わせたバスケットふうの編み地のように、表目と裏目が均等に分配されている編み地を思い浮かべてみてください。

　表目と裏目が同等に配置された場合、編み地は平らになります。横伸びする表目の習性と裏目の縦に引っ張ろうとする習性が均衡し、縦方向と横方向の双方に伸びようとします。これによって編み地が安定します。

　さて、ここまでのところで、表目が何か、裏目が何かがわかったので、これで棒針編みのすべてがわかったと言っていいでしょうか。

　いやいや、ちょっと待って。表目と裏目の「編み方」についても把握しておく必要があります。

　棒針編みのクラスではよくイースタン式（Eastern）ニッターの方に挙手してもらいます（何名か手を上げます）。「では、ウェスタン式（Western）ニッターの方？」とたずねると、また数名の方が挙手します。「何を言っているかまったく見当がつかなかった方？」とたずねると、たくさんの手が挙がります。この後すぐに説明しますね。

　ここでも思い出してください……。編み目の編み方をアレンジするには、まず編み方を知る必要があります。では、くわしく見てみましょう。

17

編み目はどうできる？

　編み物にかんする数々の根本的真理のなかでも、誰も語ろうとしない大事なポイントがあります。これは本書で紹介している技の基礎でもあります。それは、「針をどこに入れるか」と「糸をどのようにかけるか」という2点はまったく無関係だというシンプルな事実です。

　独学で編み物を覚えたニッターとして、編み目が実際にどのような構造になっているかを学ぶまでに、大変な苦労を重ねました。針をどこに入れるか（左針にかかっているループの手前側）、そして糸のかけ方（アメリカ式の場合は、表目は下から、裏目の場合は上から）、これらの動きは切っても切り離せない動きだと教えられてきたのです——「このように、このように、このように」式で。

　これはまったく正しくありません。

　さらに編み目を「ねじる」こともありましたが、どのように、なぜそうするのかを理解していませんでした。ほどくのに、ずいぶんと時間をかけたものです。作り方（構造）がわからなければ直し方もわからないのです。

　編み目をコントロールするには、次の2つを理解しておく必要があります。

1　針をどこに入れるか：**既存の編み目**に針先を入れる

2　糸のかけ方（巻き方）：**新しい編み目**を作るとき、
　　糸を引き出すために糸をかける方向

ステップ1

針をどこに入れるかによって、ねじれる？　ねじれない？

　編み目が完成して針から離れると編み地は平らになりますが、編み目が針にかかっている間は、編み目は片足を手前に、もう片足を後ろにして編み針にまたがっています。

　針先に近いほうの足は「右足」、遠いほうは「左足」と呼びます（訳注：「右足」は先行、「左足」は後行）。

　編み目を、カウボーイが小さな馬に片足を前、もう片足を後ろにしてまたがっている様子に重ねてみてください。

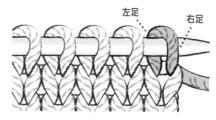

右足が針の手前にかかっている

　針を入れる場所によって、前段の編み目をねじるか、開いた状態にするかが決まります。針先を左足に入れると、ループの向きが変わり、左足が右側に来てしまい、まるで日本人がアメリカで車を運転する状況のように不吉なことが起こり、編み目がねじれます。

右足が針の後ろにかかっている

では仮に、右足が針の後ろにかかった状態（前ページ下の絵）のときに、ループの手前側に針を入れて編むとどうなるでしょう。そう、目がねじれます（右上の絵）。

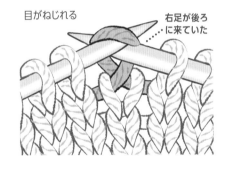

目がねじれる　　　右足が後ろ
　　　　　　　　　　……に来ていた

目を開いた（ねじれていない）状態にしたい場合は、編み目がどのように針にかかっているかにかかわらず、針を右足に入れます（訳注：「針を右足に入れる」とは、表目の場合、中央の2つの絵のように針を入れることを指します。裏目を編むときは矢印の向きが逆になります）。わかりやすい言葉で言うなら、「針を"穴"（ループ、つまり編み目）にまっすぐ入れる」のです。

針を右足に入れる

針を右足に入れる

いちばん下の絵では、右足が針の後ろにかかっている状態のときに、針もループの後ろ側（＝右足）に、つまりまっすぐループに通しています。右足はそのまま右側にあり続け、編み目は開いた状態で保たれます。

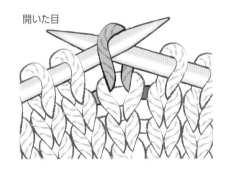

開いた目

曲芸師が火のついた輪を飛び抜けるように、穴にまっすぐ通すと火傷をしません！

──────────────────

右足の重要性を理解してからは、編み目が逆向きに針にかかっていても（少なくとも私にとって逆向きになっていても）ねじり目になるのを避ける方法がわかるようになりました。ただ、なぜそのようになるのかはまだ解明できずにいました。というよりも、「私の表編みまたは裏編みの方法」以外の編み方があることを知らなかったのです。パズルの一片がまだ欠けたままの状態でした。針に糸をかける（巻きつける）方向によって針にかかる目の向きが決まるということを知らなかったのです──マリナに出会うまでは。

「すべての道はローマに通ず」
(編み目を編む方法はひと通りだけではない)

　こんなことは考えたこともなかったことです。あるニッター
の編み目が「**逆にかかっている**」と言ってしまい、マリナとい
うロシア人の素晴らしいニッターが正してくれるまでは……。

　当時、毛糸店で働いていた私のところに、あるニッターが相
談に来ました。彼女はちょうど編んだものをほどいて針に目を
かけ直したところで、編み目の右足がすべて針の後ろ側になっ
てかかっていました。自分の編み目のかかり方とは違ったた
め、私は「彼女は編み目を逆向きに針にのせたんだ」と勘違い
してしまいました。まさか、ここから世界が大きく広がるとは
思いもしませんでした。

　少なからず「専門家」(よく言うわ！) からのアドバイスを提
供しようと、編み目を逆向きにかけ直さなくても、次の段を編
むときにループの後ろ側に針を入れて編むと編み目を「修正」
できる、と伝えました。すると彼女は私を、まるで私の頭が 2
つあるかのように不思議そうな目で見ながら、「たしかに、そ
れはあなたの編み方ですよね」と。それに対して私が「あ、あ
なたもそのワザを知っていたのね」と言うと、彼女はさらに混
乱した表情で「……ワザ、ですか？」。

　私は、さらに墓穴を掘るかのように、彼女の編み目がすべて
逆向きにかかっていることを説明しました。私のこの恥ずかし
いやり取りを聞いていた別のニッターが、とうとうたまりかね
て言いました。「逆向きじゃないわ。あなたにとって逆向きな
だけよ」と一言。

　そして彼女、マリナに編み方を見せてもらい、右足の持つパワ
ーと何がそれをコントロールするかを真に理解し始めたのです。

ここからステップ2につながります……

ステップ2
どう糸をかけると、うまく座ってくれる？　くれない？

　そう、マリナの糸のかけ方は私とはちがいました。彼女の編み目は逆向きではなく、私にとって逆向きだっただけでした。
　針に糸をかける方向は新しく作る目に影響します。糸は**下から**針にかけることも、**上から**かけることもできます。かける方向によって次段の編み目のかかり方が決まります。

　ステップ1とステップ2について考えてみると、針を入れる場所（ステップ1）は**現在**の状況に大きく影響します。つまり、左足に針を入れて編み目をねじるか、右足に入れて編み目を開いた状態にしておくか（マリナのシンプルな言葉を借りると、「針を"穴"にまっすぐ入れる」のです）。針に糸をかける方向（ステップ2）は**未来**に影響します。つまり、次段の編み目がどのような向きで針にかかるか、ということです。

　糸のかけ方（巻き方）は編み目が針にかかったときの表情に影響します。しかしその目をねじることなく正しく編めば、針からはずすと同じ表情になります。マリナの編み地と私の編み地は、編み方はちがっても表情はまったく同じでした。
　衝撃の結末ですよね（ここでドラマティックな挿入歌を）。そう、編み目を編む方法はひとつではないのです。

イースタン、ウェスタン、コンビネーション：
旅先はどちらへ？

　ニッターたちが「編み方」について話すときは、たいてい編み方の「スタイル」について考えています。

　コンチネンタルや**イングリッシュ**などの呼び名（訳注：日本の「フランス式」や「アメリカ式」にあたる）を聞いたことがあると思います。これらは編み方の「スタイル」であって「手法（メソッド）」ではありません。ニッターたちはおなじ物事を指すのに違う名前で呼びたがるため、混乱しやすいです。コンチネンタル（糸を左手に持つ）は、「ピッキング」や「ジャーマン（ドイツ式）」（日本ではフランス式）と呼ばれます。イングリッシュ（糸を右手に持つ）は「スロウイング」と呼ばれたり、古いニット本などには「アメリカン」と書かれています！（訳注：日本での「アメリカ式」の呼び名の由来ですね。）

　これ以外にも、糸を首にかけたりニッティングピンを使う「スタイル」もあります。私が最初にこの編み方の名前を聞いたときは**「ポルトガル式」**でした。何年も前のこと、ボスニアからの留学生が、糸を首にかけて編んでいる私の姿を見つけ、自分もそのように編むと話しかけてくれました。彼女にこの編み方のスタイルを何と呼ぶかたずねてみました（なぜかというと、それまで「ペルー式」、「アンデス式」、「ポルトガル式」など、いろいろな呼び方を聞いていたからです）。彼女はこう答えました ── 「私はニッティングと呼んでいるわ」。

　呼び方が何であろうと、編むスタイルと編む手法とは別物です。編むスタイルとは「どちらの手で何をするか」であり、編む手法とは針をどこに入れ、糸をどのようにかけるかという点も含めた、編み目の実際の構造を指します。私の話はスタイルより手法にかんするもので、編み目の作られ方に影響します。

編む手法

　棒針編みには 3 通りの手法があります。ウェスタン、イースタン、コンビネーションの 3 つです。以下の 3 要素から手法を見分けることができます。

- 針にかかっている編み目の向き
- 編み目のどちらの足に針を入れるか
- 糸のかけ方

ひと目でわかる棒針編みの手法

※「ループの手前／後ろ」という表現については 11 ページ参照。

ウェスタン式

　ウェスタン式のニッターの編み目は、右足を手前にして針にかかります。編み目の向き、つまり針を入れるループは左を向きます。これをウェスタン式にかかっていると表現します。

ウェスタン式の表目

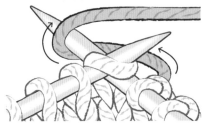

ウェスタン式の裏目

表目＝針をループの手前に、左側から入れ、糸を針の下からかける。

裏目＝針をループの手前に、右側から入れ、糸を針の上からかける。

イースタン式

　イースタン式のニッターの編み目は右足を後ろ側にして針にかかります。編み目の向き、つまり針を入れるループは右を向きます。これをイースタン式にかかっていると表現します。

イースタン式の表目

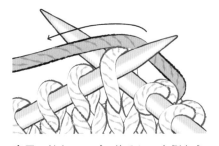

イースタン式の裏目

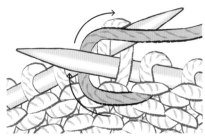

表目＝針をループの後ろに、右側から入れ、糸を針の上からかける。

裏目＝針をループの後ろに、左側から入れ、糸を針の下からかける。

コンビネーション式

名前からもわかるように、上記の 2 手法を組み合わせたものです。表目は右足が針の後ろに（イースタン式のように）、裏目は右足が針の手前に（ウェスタン式のように）かかります。表目を編むときには針をループの後ろ側に入れ、糸を針の下からかけます。すると次段では目の向きが変わり、右足が手前になります（ウェスタン式のように）。裏目を編むときには針をループの手前に入れ、糸を下からかけます。

コンビネーション式の表目

表目=針をループの後ろに、右側から入れ、糸を下からかける。

コンビネーション式の裏目

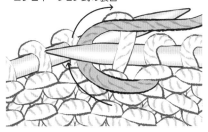

裏目=針をループの手前に、右側から針を入れ、糸を下からかける。

このように、異なる手法を理解すると編み目を完全にコントロールできるようになります。

標準的な編み方の手順はウェスタン式の編み目のかかり方を前提に書かれています。しかし、これから本書で紹介する技を一緒に編んでいくうちに、「正しくない」糸のかけ方や、針先を「本来の場所とはちがうところ」に入れたりすることに気づくでしょう。これは、本書では「正しく」編むことより、ベターな編み方を伝えているからです。

さて、編み方が明らかになったところで、さっそくプロジェクト（作品）を編み始めるとしますか？

いやいや、早まってはいけません。ここまでは編み目の作り方と構造について述べただけです——そして、編み目の構造はゲージの精度にも影響する可能性があります。ここでゲージの話になるとは思わなかったでしょうね。

—

スワッチ
を編む時間が
ないなら、

セーター
をほどく時間を
確保しておこう!

第2章 ゲージ

Gから始まるあの言葉に
だまされないように気をつけて

　忘れもしない、あるイベントの列に並んでいたときのこと。参加者の
ふたりがどのクラスを受講するかを話していました。「ゲージを効果的
に使う方法のクラスを受けるの」とひとりが言うと、もうひとりが呆れ
たような表情で、「ああ、誰も受けたがらないけど、本当はみんなが必
要としているクラスね」と答えました。そう、この一言につきます。み
なさんは大人だから、ふだんは話しにくいことでも、見て見ぬふりをせ
ずに話してみましょう。そう、ゲージについて。

────── **小さなセーターから巨大な帽子まで** ──────

　独学で編み物を覚えた人間として、ゲージについて理解するまでは長く曲がり
くねった道のりで、その過程でサイズの合わないセーターや巨大な帽子を編み散
らかしました。両極端を経験しました。つまり、ゲージはただの「参考情報」
で、特に何も調整しないままでいいと思っている状態から、針の号数さえ正しく
調整すればどのような糸を使っても編めると思う状態まで。

「スワッチを編んでも、セーターが仕上がるころにはいつもゲージが変わってし
まう。スワッチを編む意味はあるのかしら?」という不満をいちばんよく耳にし
ます。つまりニッターたちは自分たちが編んだスワッチにだまされていると思い
込んでいるのです。本当にそうでしょうか。自分で自分をだましているのではな
いですか?　誠実なスワッチの編み方を探求する前に、まずスワッチを編む理由
から説明しましょう(ヒント:あなたが思っていることとは違うかもしれませんね)。

スワッチという奇跡の道具

　深夜のテレビ番組の宣伝では、よく「やっかいな問題もこれで解消！」という言葉があふれ、（ネタばれになりますが）どの商品も効いたためしがありません。スワッチ編みについても、いろんな本のなかでよく「〜するだけ」と書かれていますが、残念ながらスワッチ編みにショートカットなどはありません。

　そもそも、なぜショートカットを求めるのですか？　しかも編みものですよ！糸と模様に親しむ——これが編み物の醍醐味です。シェフが料理のレシピを作るのに味見する時間をとりたがらない、って想像できますか？　ニッターがスワッチを編むべき理由については諸説ありますが、いつも的がはずれています。

　信頼できるゲージを得る前に、まずスワッチを編む**理由**を理解しておくことが大切です。

　いま、座ってこれを読まれていますか？　では言いましょう。

ゲージを合わせるためではありません。

　——ちょっと待って、これを読んで本屋さんに返品しに走る前に、もう少しだけお付き合いください。スワッチを編む目的はゲージを合わせるためではなく、気に入った編み地を編み、「その」ゲージを知ることが目的なのです。

　あなたのゲージに合うようにパターンを調整する計算は簡単ですが、セーターをまるごと、適さない編み地で編むことは簡単ではありません。仕立屋さんがパリッとしたリネンのスーツのパターンを持って、生地屋さんで、したたるようなやわらかいシルク素材を見て、「そうそう、これ。この生地でパリッとしたリネンのスーツを縫うわ！」とは決して言わないでしょう。この生地は不向きだとわかっているからです。

　私たちニッターが、早く編み始めたい衝動に駆られるがゆえに忘れてしまいがちなのは、糸のループがからみ合って編み地ができる、ということです。スワッチを編むときは、編み地（つまり生地）のサンプルを作り、模様との相性や落ち感、セーターに耐えうる編み地かどうかなどを判断するのです。つまりスワッチ編みは、パターンに記載されたマジックナンバーと数字を一致させて合否を判定するテストではないということです。

　スワッチ編みは「マッチングゲーム」というより、糸との「デート」と思った
ほうがいいでしょう。落ち着くまで、もう少しお付き合いしてみる。お見合いゲ
ームのような感覚です。糸がパターンと、パターンが糸と出会う。相性はどうで
しょう。

　順序を変えてみましょう。つまり「プロジェクトを決めてからスワッチを編
む」のではなく、「スワッチを編んでからそれに合ったプロジェクトを選ぶ」の
です。新しい恋に落ちたら、家に帰って、模様集を引っぱり出し、遊んでみる。
先のゴールのことなど考えずにひたすらスワッチを編んでみる。その糸の好みは
何か——交差模様、透かし編み、それとも編み込み模様？　糸がどんなプロジェ
クトになりたがっているかを探るのです！

　忘れてはならないのは、どんな糸でもあらゆる編み地になりたがっているわけ
ではないということ。特にセーター用の編み地の場合は、透けて向こうが見えた
り、指が通るようであればセーターの編み地としてはじゅうぶんに安定しませ
ん。逆に銃弾を防いだり、着用しなくても自立したりするようであっては、これ
もセーターには不向きです。

　要は、スワッチとは、これから編もうとしている編み地と、そのゲージを正確
に予測するものです。スワッチはセーターの真ん中から編み地を切り取ったもの
と同じだと思っていいでしょう。

これでスワッチを編む理由についてお伝えしたので、
恐れずに向かい合い、
よくあるスワッチの誤解を解いていきましょう。

混乱状態のスワッチ

測定や計算をし始める前に、スワッチにかんするウソを暴いていきましょう。
自分に当てはまるものがあれば「当たり！」と言ってください。

・じゅうぶんな目数の作り目をしてスワッチを編まない

だって、数が少なくても往復に編んでいれば、実物大のウェアを編むこととほとんど同じでしょ？

・縦横ともに 5 〜 6 センチずつしか編まない

これは昔ながらの「よさそうなので、これでやめていいでしょう」テクニック。

・希望のゲージを出すためにスワッチを引っぱったり、寄せたりする

10 年前のジーンズを「今でも入る」と自分に言い聞かせながら息を止めてはくことと同じです。

・スワッチはわざわざ水通ししない

セーターをブロッキングしたり、洗ったりしないのですか？

・重力の作用を想定していない

はじめの 45 分は夢のようにぴったりフィットしていたセーターが、その後、伸び始めた。

・編み目を針にのせたまま測る

キャロル・ブルネットの「風と共に去りぬ」のパロディ動画でもないかぎり（ググってみてください）、効果はありません。

上記のいずれかに痛いほど身に覚えがあっても、恐れる必要はありません。真実がみなさんを自由にしてくれます。

真実はすぐそこにある
（または、スワッチと仲良くなりましょう）

　ウソを伝えるスワッチなどいりません。スワッチとは仲良くなることです。そう、「そのパンツはお尻が大きく見えるわよ！」と言ってくれる親友のように。たとえ耳が痛いことでも、本当のことを伝えてくれることが大切です。
　「スワッチ嫌い」のワナから逃れるための方法を 3 つご紹介します。

スワッチの編み方

じゅうぶんな目数を作ること
　じゅうぶんな目数が必要な理由は 2 つあります。

1. ふだんは編まないような小さな編み地を編むのではなく、自然に編めるようにするため。
2. 編み目がそろいにくい端から距離をおいて、正しく測定できるだけの面積を確保するため。

　細い糸の場合（10cm あたり 24 ～ 32 目）は 15cm 分の目数を作りましょう。太い糸の場合は 10cm あたりの目数が少なくなるため 20 ～ 25cm のスワッチが妥当でしょう。

段数もじゅうぶんに編むこと
　編み物を始めたころのことを思い出してください。幅が 20cm のマフラーを編もうと 20cm 分の作り目をしても、しばらくして気づくと 30cm 幅のショールになっていたという経験はありませんか？
　じゅうぶんに長く編んで編み目を安定させること、そして、なによりもリラックスして自然体で編むことが大切です。

なぜゲージの目数分だけ
作り目をしてはいけないの?

よくある質問です。必要なゲージが 10 cm = 20 目だとすると、20 目作って測り、10 cm 四方になるまで針の号数を変えながら編む。問題は、端目はまったく違う構造になっていることです。1 目作って（＝前段の最後の目）、折り返し、針を抜いたループと同じループに針を入れて戻る——これは往復編みの段の最初の目だけで、これが端のカールをもたらします。それで寸法がゆがんでしまいます。

メリヤス編みのカールした端

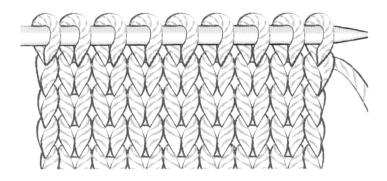

「だから、スワッチを平らに落ち着かせるために、端にガーターの縁編みをつけておいたのよ」とつぶやく声が聞こえてきます。もう少しお付き合いくださいね…。

必要な種類の編み目で編むこと

　メリヤス編みのスワッチは全体をメリヤス編みだけにします。縁編みはつけません。縁のカールがどうしても気になる場合は上下のガーター編みの段はとばして、端の数目だけガーター編みにします。それより「かのこ編み」はいかがでしょう。こちらだとメリヤス編みとゲージがほぼ同じです。交差模様や透かし模様など、パターンに1模様何目＝何 cm と記載されている模様編みの場合には、両端にメリヤス編み、または、かのこ編みを少し加えておくとよいでしょう。

編み地がカールするのを
防ぐためにガーターの縁編み
を多めに加えてはダメ？

　　　　この好ましくない習慣はなかな
　　　かなくなりません。次の危険な公
　　　式があてはまるというのに……。

小さいスワッチ＋幅広い縁編み＋ブロッキングで伸ばす
＝偽りのスワッチ

　小さいスワッチにガーター編み（毎段表編み）を加えるとどうなる
かわかりますか？　ガーター編みはメリヤス編みと比べて段数ゲー
ジがきついです。シルク・ドゥ・ソレイユの曲芸師（16 ページ）を
思い出してください。ガーター編みがスワッチの端の目を引き寄せ
るため編み地が不安定になり、段数ゲージが測りにくくなります。

　では目数ゲージはどうでしょう。端の裏目からもう片方の端の裏
目まで測ればよいのでは？と思われるでしょう。そう測るわけには
いきません。ガーターの縁編みのとなりの目はスワッチの中央の目
とは大きさが異なるからです。その理由は、表目から裏目に切り替
わるときに糸を後ろから手前に移すことによって、余分に糸を使う
からです（この件にかんしてはリブ編の修正方法〔158 ページ〕の説明
でさらに深掘りします）。このため偽りのゲージになってしまいます。

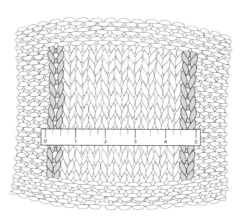

ガーター編みの縁編みを広くするとゲージが乱れる

スワッチはプロジェクト（作品）を編むのと同じように編むこと

　これは同じ号数の針を使うだけではありません。すべてにおいて言えることです。編み針の材質もゲージに影響することは知っていましたか？

　（豆知識：段数ゲージは、号数は同じでも針の材質を変えることで変わります。）

　目に見えないものもゲージを左右します。私は地下鉄のなかでスワッチを編むということをよくクラスのみなさんに話しています。なぜかというと、私は編み物をほとんど地下鉄のなかで編むからです。みなさんが編み物をするシチュエーションが夜にテレビをつけてワインを飲みながら、であれば、スワッチを編むときもゆったりと落ち着いてワイングラスにシャルドネでも注いで編むとよいでしょう。毎朝、こどもと口ゲンカしつつ寝起きのコーヒーを飲みながら数段編むという方は、コーヒーをいれて、ケンカを売って、スワッチ用の作り目をするとよいでしょう。

　いつの日か、パターンのゲージの欄に、針サイズ（号数）だけではなく「針の材質はステンレススチール製、10 cm の付け替え式輪針を使用、フランス式に編み、裏目は逆編み。午前中にお母さんと大きなケンカをしたあとに編んだスワッチを測定」と記載されるようになるかもしれません。

スワッチの測り方

　ある程度の大きさの編み地ができると、正しいゲージを測ることができます。測るのはブロッキング前後で測り、編み地の変化も確認するようにしましょう。端はカールしますが、面積が大きければ端から距離をとって測ることが可能です。

　私はテープメジャーではなく定規のほうが好きです。テープメジャーは伸びる可能性があるからです。定規を傾かないようにしっかりと編み地の上において、1目ずつ完全な形で、同じ段にそって数えます。

5cmの窓つきのゲージツールを使ってもいいですか？

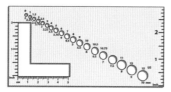

小さい窓は編み目をおおってしまう

このようなツールは問題となることがあります。それにはいくつかの理由があります。まず、編み地全体の5cmだけをサンプリングしてもあまり情報を得ることができません。もっと広い面積でとらえる必要があります。そして編み目をほとんどおおい隠してしまいます。「窓」から見える部分だけを見ていたのでは、窓で隠れた不完全な状態の編み目の存在をうっかり見過ごし、目数を切り上げ、または切り捨てる可能性があります。

ブロッキング前のゲージを最初に測りましょう

ブロッキング前だと編み地がカールしてしまうこともあるかもしれませんが、それでもブロッキング前の値を測ることは可能です。まとまった面積があれば定規を縁から離して編み地の中央にすえることができます。

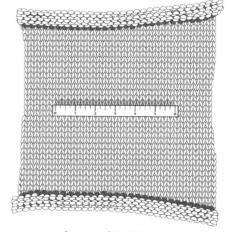

ブロッキング前の状態を測る

次にブロッキング後のゲージを測る

　スワッチのブロッキングは、仕上がったウェアと同じようにブロッキングします。つまり水通し、またはスチームを当てる、さらにデリケートな繊維やウェアで水洗いしないもの（ショールやスカーフ類）の場合には霧吹きで水を吹きかけます。

　交差模様や透かし模様は編み目を開けるためにしっかりとピンを打つ必要があるかもしれませんが、メリヤス編みのスワッチは伸ばしたりピンを打ったりしません。水通しまたはスチームを当てたあと、余分な水分を押し出し、平らにおいて乾かします。

メリヤス編みのスワッチを
四角くピン打ちしては
いけない？

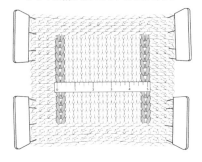

メリヤス編みのスワッチは伸ばさない

　ブロッキングしたスワッチをピン打ちすることにも注意が必要です。

　ニッターたちはよく端が不ぞろいになっていることに気づきます（特にガーターの縁編みの場合）。これを修正しようと、スワッチを四角く広げてピン打ちします。

　メリヤス編みのスワッチを伸ばしても編み目はもとの大きさに戻る習性があります。スワッチが乾いてピンをはずした瞬間に測った数値と、1日経ってもとに戻ってから測った数値とではまったくちがってきます。あなたの両脇にアテンダントが同行して、つねにセーターを引っぱって伸ばした状態にしてくれる、というのでないかぎり、このスワッチを信用することはできません。スワッチは偽りなのです！

　乾いたら、編み地をいちど振って伸ばしてみましょう（セーターに頭を通して着用するときのことを想像しながら）。そして測る前にすこし休ませましょう。

　じゅうぶんに大きいスワッチを編んでいれば、必要な単位長さあたりの完全な1目を数えることができます。たとえば10cm測って半端な目が残るとしましょう。その場合は13cmまで広げて測ります。それでも半端が出た場合は15cmまで測り、ここで完全な形で目数を数えられたとしましょう。

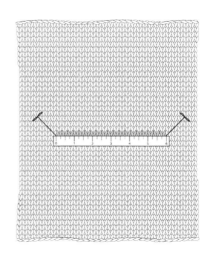

　15cmの目数が25目の場合、25÷15cm＝1.66目となります。自然体で編んで、伸ばさず、乱れていない、偽りのないゲージは、（ここでドラムロールの効果音を！）10cm＝16.6目です。パターンで求められるゲージが10cm＝16目であれば、自分のゲージがそれと比べてどのくらいかを知ることができます。

印をつけて測る＝ここでも計算を

　別の測り方は、編み地のなかほどの安定した部分に印をつけます。1mm単位で寸法を測り、計算します。

　たとえば、30目が18.5cmだとしましょう。この場合は30÷18.5cm＝1.6。この方法でも同じゲージが得られます。計算がやや多くなりますが。

スワッチの
伸びぐあいはいかが？

　最後に、糸の繊維が伸びやすいものかどうかを知りたいとき（第3章59ページ参照）や、あるいは、丈の長いウェアとか厚みの出る模様を編むというときの、重力による影響を確認しましょう。

　スワッチが乾いたら吊るし、少しだけ「おもり」をつけます（私の場合、耳が痛くなるのでつけなくなったイヤリングを使います）。これでウェアの重さのシミュレーションをおこないます。重さは厳密に再現しなくても大丈夫です。一晩このようにして慣らしたあと、もう一度目数と段数のゲージを測ります。目数と段数ゲージは相互に関係していることから、編み目が縦に長くなると、幅がせまくなります。右図をご覧ください。スワッチの最終的な寸法は縦が長く、幅がせまくなっていることがわかります。

　簡単に説明すると（もう遅い？）、スワッチもプロジェクトと同じようにあつかいます。つまり実際に使う道具でいつもの編み方で編み、編み地の現実的な部分を測り、よけいな操作をせずに測ること。たとえ自分が望む状況とはちがっていても、つねに真実と向き合うこと。

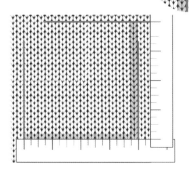

幅広で縦が短い編み目：
16目、22段

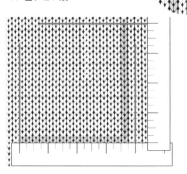

幅がせまく縦長の編み目：
17目、21段

TIP：使っている糸の色が濃い場合や変わり糸で編み目が見えにくい場合は、マスキングテープなどでスワッチを窓ガラスに貼り、光を通しながら測るようにします！

次は——上げる？　それとも下げる？

　編み地に納得できず編み直したい場合は針の号数を変えます。号数を上げる、それとも下げる？　信じられないかもしれませんが、熟練のニッターでさえもここの判断でつまずくことがあります。

　おさらいです。パターンで求められているゲージより 10 cm あたりの目数が多い場合は編み目が小さいので針を**太く**します。パターンのゲージより 10 cm あたりの目数が少ない場合は編み目が大きいので針を**細く**します。デザイナーと同じ寸法（10 cm）に対して編み目の数が多ければ、編み目が小さいからだと思っておくとよいでしょう。

　段数ゲージも同じことなのですが、「長さ」となるとニッターのみなさんは混同してしまうようです。「32 段ないといけないのに私のゲージは 28 段しかないので足りないの……でも、もともと短くしたかったからちょうどいいわ」と、あるニッターが言っていたことを思い出します。デザイナーと同じ寸法に対して段数が少なければ、**1 段が長い**ということです。たとえば、8 段ごとに減目をするというようなときに、パターンの指示通りに編むと、その 8 段はデザイナーの 8 段より長くなります。テーブル上に iPhone を 8 つと iPad を 8 つ、それぞれ縦に並べた様子を想像してみてください。段数ゲージに対するパターンの修正が必要となります。

もっといい編み地にしよう：
編むときの手加減について

　針の号数を変えたのに、ゲージがたいして変わらない場合はどうしますか？　失望しないでください。ここでも、誰も語りたがらないひみつがあります——私たちは機械ではないし、必ずしも適切なやり方で編んでいるわけでもありません。なぜいつも 3 号上げることにしている人もいれば 3 号下げることにしている人もいるのか、不思議に思ったことはありませんか？　すべては針の使い方、そして針のどこで目を作るかによります。

人生と同じで、できるだけ労力をかけずにすませたい。
なので、道具に仕事をしてもらおう！

理想的なツール：計量カップ

　私たちが日々手にしているのは、毎回毎回、最適な大きさの編み目が作れるように完璧に設計された道具です。派手さのない編み針ですが、パーフェクトな編み目を作るにはすべての部位を正しく使う必要があります。編み針にはシャフト（軸部分）と、細くなっている針先があります。それぞれに役割があります。美しく細い針先は、次に編む目を左針先に押し進め、編み目を伸ばさずに右針を入れられるように余裕を作ります。

　シャフト部分で編み目の大きさが決まります。右針のシャフト部分に糸をかけて（巻いて）新しい目を作ります。針がサイズ別に作られているのは、私たちが求める大きさの編み目が編める針を選べるようにするためです。計量カップのような存在だと思ってください。

　測ったような理想的な編み目はどのように作るのでしょうか？

　まず編む前の目を左針先に押し進めます。この目の下部にすき間ができるので、編み目を崩さずに右針を入れます。

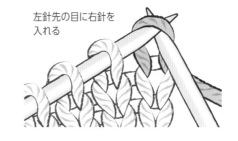

左針先の目に右針を入れる

　右針に糸をかけ、一定のテンションをかけ続けた状態で、新しくできたループを前の目から引き出す／押し出す。ここからが最も重要なポイントです——新しい目を出す前に右針のシャフトに編み目のサイズを合わせること。

編み目を右針のシャフトに合わせる

「つかんでゴー」 vs.「針先編み」

　編み針の構造をうまく利用しないと、逆にやっかいな状況になりかねません。手がゆるくなったりきつくなったりします。

　手がゆるいニッターのことを私は「つかんでゴー（grab-n-go）」と呼んでいます。このタイプのニッターは、前の目に編み針を通して、糸をつかんで引っぱり出して受け取るところで終わります。針を使って新しく作った目を測れていないのです。これは計量カップで小麦粉を山盛りすくって、すりきらずに使うことと同じです。

　編み針で編み目のサイズを測らずに使っている兆候として、針の下に空間ができることが挙げられます。時には、針がもう1本入るくらいの空間ができます。

　この場合、編み目を引き出して右針にのせたあとで、糸を引っ張って引き締めるとよいと考えるかもしれませんが、これは前段の編み目の足を持ち上げるだけで、新しい編み目の大きさを調整することにはなりません。「野球に涙は禁物」であるように、編み物で引っ張ることは禁物なのです。

編み目を針に合わせていない

編み目の下に空間ができる

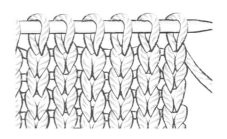

糸を引っ張ると下の目が持ち上がる

手がきつすぎるニッターは
どうすればいいの？

「針先編み」をするニッターの編む
目は、針先が入りにくいほどきつく
なることがあります。このタイプの
ニッターは何の問題もなく目を針先
に押し進めますが、ここでも編み目
を針に合わせていません。新しく作
った目をシャフト部分に合わせる代
わりに、針先の位置で新しい目を移
してしまいます。

右針先に目をのせて編み目を移している

　針先はシャフト部分よりはるかに細いため、小さすぎる目ができてしまいま
す。右針先に小さすぎる目が数目できると針の太い部分へ押しやられてきつく感
じます。2号（2.7ミリ）の針に作った目を、5号（3.6ミリ）の針に移すようなも
のです！

「つかんでゴー」または「針先編み」タイプのニッターがゲージを一貫して保つ
のがいかに難しいか、わかりますね。ひと目ずつ、正しい大きさのシャフトに合
わせて編む代わりに、サイズを拡大している（「つかんでゴー」タイプ）、または、
糸をかける場所しだいで細くも太くもなる針の先端部に合わせているのです。

演習

　編んだ目が実際には何号の針に合うのか確認するには、いったん針か
ら編み目をはずし、太めの針に通してみます。通してみて針の下に空間
ができることなく、編み目を針の上で動かしても抵抗を感じなければ、
その編み目に合った針の号数です。
　そして今度はその号数の針で編んでみましょう。ただし、今回は新し
い目を受け取る側の針のシャフト部分に合わせるようにします。

編み目の間隔：
友達でも適度な距離を保つ

編み目のなりたち

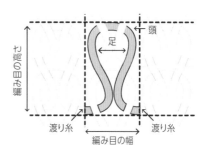

　もうひとつ目数と段数ゲージに大きく影響する要素は、「目と目の間隔」です。編み目は1本の糸でつながってできています。編み目の足と頭はもともと針にかかっていたループから成り立っています。だけど、目と目の間には短い糸も渡っています。この渡り糸の存在も忘れてなりません。渡り糸が長ければ編み目同士の間隔が広くなります。

　1段分の編み目を、友達同士が腕を組んで適度な間隔で並んでいると思ってください。同じ列のみながお互いの腰に手を回して並ぶとどうでしょう。近づきすぎですね。逆に腕を伸ばして指先同士が触れる程度だと離れすぎです。編み目も「腕を組んだ」状態で適度な距離を保っておきたいものです。

　編み目の間隔を維持する秘訣（ひけつ）は、新しい目を右の針に移す動作をうまくコントロールすることです。私は左針の目が前進するのをスーパーマーケットのベルトコンベヤー（訳注：アメリカのスーパーマーケットでは品物をベルトコンベヤー上に置いて、自動的にレジの方へ運んでくれる）のように思っています。新しい目を右の針で作ったら、針同士をX字状に接したままにしてください。そして左の針が指し示している方向に新しい目をスライドさせ、左針からはずすのです。

編み目の大きさを合わせるときに
針同士が接する

左針の角度に合わせて編み目をはずす

ザ・スプレッダー（広げる人）

　編み目が広がりすぎて自分のゲージに不満をかかえているニッターもいます。私はこのタイプのニッターを「スプレッダー」と呼んでいます。細い針で編んでいても目数ゲージが大きくなるニッターです。スプレッダーになる理由は編み目同士の間隔が開きすぎるためです。

左右の針が離れすぎている

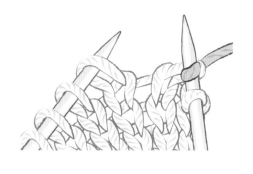

　編み目の間隔が開きすぎる原因は何でしょう？　いくつか考えられます。編むときに左針の針先ではなくシャフト部分で編んでいる可能性があります。あるいは、新たな目を移すときに針同士が離れてしまっているのかもしれません。新しい目を右針の奥に押し込みすぎている可能性も考えられます。またこれらの要因の組み合わせかもしれません。これらの要因はどれも渡り糸を長くし、編み目同士の間隔を広げてしまいます。いずれせよ「腕を組んだ状態」ではありません。

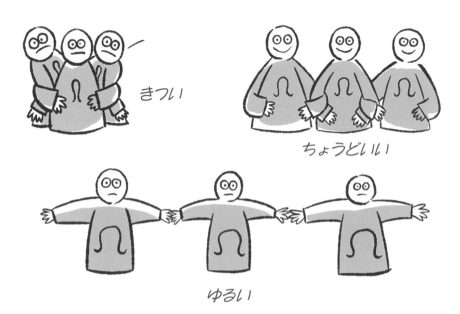

きつい

ちょうどいい

ゆるい

「スプレッダー」タイプのニッターがゲージをきつくしようとしてどんどん細い針に持ち替え、糸をますます強く引っ張ってしまうのを目撃してきました。これでは事態は悪化する一方で、目数ゲージと段数ゲージのバランスが悪くなる可能性があります。編み目の幅が広くなり、段が短くなります。

　細い針で編み目を引っぱりすぎると短い編み目ができ、そのため段数ゲージが細かくなります。編み目同士の間隔はあくため、目数ゲージが大きくなります。このためスプレッダーのゲージは目数ゲージの編み目が大きく、段数が細かく段が短い傾向にあります。スワッチを見比べるとよくわかります。

　スワッチはそれぞれ同じ目数・段数で編みました。左のスワッチは推奨されている号数で編んだものです。右のスワッチはそれより細い針で編んだもので、段数ゲージが細かく、目数ゲージはゆるくなっています。

US 8 号（5 mm）針
20 目 × 26 段（10 cm 四方あたり）

US 4 号（3.5 mm）針
19 目 × 36 段（10 cm 四方あたり）

　目指すところは「形態は機能に従う」こと、そして難なく安定した編み地を編むことです。パターンのゲージには合わなくとも、安定した編み地を編めていることがあります。それはそれで素晴らしいことです！

ゲージが合うことが必ずしも
素晴らしいことではないわけ

　私はデザインの学生さんたちに自己紹介をするときに「こんにちは、パティです。胸はスモール、ウェストはミディアム、ヒップはラージ、です。さて、どのサイズを編めばよいでしょうか?」と問いかけます。パターンとは実のところ、こうすればこれが編めますよ、といういくつかのお手本にすぎません。目数と段数ゲージを正確に合わせ、各箇所の寸法も規定のサイズに合わせた場合に、です。しかし、それを成し遂げる確率は?

　パターンのサイズはどうでしょう?　セーターのサイズは平均的に 5 ～ 10 cm 間隔で展開されています(訳注:欧米では通常、5 ～ 10 段階ぐらいのサイズが提供されています)。もしバスト寸法が 91.5 cm と 101.5 cm の間だとすると、パターンのゲージ通りに合わせると、かえって望み通りに仕上がらないかもしれません。

　ゲージのしくみを理解すれば、パターン(もしくはパターンの一部分)を自分の寸法に合うように、そして自分のゲージに合うように変更することができます。シンプルでありながらもとてもパワフルな計算です。
　そう、「計算」です。「計算」だからといって、恐れることはありません。

ゲージのマジック・トライアングル

　ゲージをあつかうときには、 3 つの方程式を覚えておくと大丈夫です。そう、3 つだけです。
　さらにこの 3 つは相互に関連性があり、同じ 3 つの値を使います。3 つのなか、2 つの値がわかっていれば、3 つ目を導き出すことができます。

　3 つの値とは:
- **目数または段数**(パターン)
- **タテまたはヨコの寸法**(仕上がり寸法)
- **一定寸法の目数**(ゲージ)

［パティ式］ゲージの
マジック・トライアングル

視覚的に覚えやすい「ゲージのマジック・トライアングル」と呼んでいる図をご紹介します。

ゲージの持つ力を認識する前はこのトライアングルを覚えるとよいしょう。

目数または段数

緑のラインが割り算を示し、「×」で掛け算をします。

導き出そうとしている値をおおい隠すと、計算式が自然とあらわれます。

仕上がり
寸法
(cm)　　×　**ゲージ**
　　　　　　※1cmあたりの
　　　　　　目数または段数

- **何センチになるかわからないとき**……トライアングルの「cm」の角を隠すと計算式がわかります。　目数（または段数）÷ゲージ

- **いくつ目数または段数があればいいかわからないとき**……トライアングルの「目数または段数」の角を隠しましょう。　仕上がり寸法（cm）×ゲージ

- **ゲージがわからないとき**……トライアングルの「ゲージ」の角を隠しましょう。　目数または段数÷仕上がり寸法（cm）

このような単純な計算は日常的にパニックにならずにおこなっているのに、どういうわけか、編み物となると異常におびえてしまいますね。

私はこの計算方法を「クッキー算」と呼んでいます。
その理由を説明しましょう。

ゲージの計算＝「クッキー算」

　お皿にクッキーが 10 枚あって、友達 5 人が遊びに来るとしましょう。この場合、何枚ずつ分けるか考えるのにおびえたりしませんね？

クッキーの合計枚数 ÷ 友達の人数 ＝ 1 人あたりの枚数

$$10 ÷ 5 = 2$$

　10 cm のスワッチに 20 目あった場合、1 cm あたりの目数を、おびえることなく計算できますね。

目数（または段数）÷ 寸法（cm）＝ ゲージ

$$20 目 ÷ 10 \, cm = 2 目$$

……1 cm あたり 2 目になります。

　友達が 5 人来る予定で、クッキーを 1 人あたり 2 枚ずつ出したい場合は、この複雑な計算を簡単に解いてクッキーの必要枚数を計算しますよね？

友達の人数 × クッキーの枚数 ＝ 合計枚数

$$5 × 2 = 10$$

　ゲージが 1 cm あたり 2 目だとして、このゲージで幅が 20.5 cm のスカーフを編みたい場合は、この複雑な計算を簡単に解いて必要な目数を計算しますよね？

寸法（cm）× ゲージ = 目数
20.5 cm × 2 目 = 41 目

　クッキーが 10 枚あり、友達 1 人あたり 2 枚ずつ出したい場合は、この複雑な計算を簡単に解いて、招く人数を計算しますよね？

クッキーの合計枚数 ÷ 1 人あたりの枚数 = 人数
10 ÷ 2 = 5

　パターンにセーターの身幅に必要な目数が記載されていて（例：117 目）、パターンに記載されているゲージ（この場合は 10 cm = 26 目、1 cm = 2.6 目）で身幅の寸法を計算するときに、おびえてしまうのでしょうか？
　ゲージはそれほど複雑ではありません。要は 1 cm あたりの目数にあたります。

目数 ÷ ゲージ = 寸法（cm）
117 目 ÷ 2.6 目 = 45 cm

ゲージがちがっていても「クッキー算」は同じ!

友達1人あたりに差し上げるクッキーの枚数を変えることにして、1人あたり1枚半にする場合、招く人数を計算しなおすのに、おびえたりしませんよね?

クッキーの合計枚数 ÷ 1人あたりの枚数 = 人数
10 ÷ 1.5 = 6.6
(友達6人、そしてお子さんをひとり連れて来てもらえます)
同じ計算式をあてはめます。そしてパターンの場合も同じです。

一例として、次のような情報がパターンに書かれていたとしましょう。

サイズ:1 (2、3、4、5、6、7、8)

胸囲の目数:104 (117、130、143、156、169、182、195) 目

セーターの身幅:40.5 (45.5、51、56、61、66、71、76) cm

仕上がり胸囲:81 (91、102、112、122、132、142、152) cm

パターンのゲージ:
10cm = 26目

もし自分のゲージがゆるい場合、つまり10cmあたりの目数がパターンの数字より少ない場合は、それほど複雑な計算をせずに、自分のゲージで進めたときにどのパターンサイズを選べば望ましい仕上がり寸法になるかを導き出すことができます。

目数÷ゲージ=寸法(cm)

たとえば、自分のゲージが10cm = 24目 (1cm = 2.4目)で、サイズ3に近い寸法に仕上げたいとします。

パターンのゲージよりも「ゆるい」ことからサイズ2で編んだときの寸法を確認してみましょう。サイズ3に近い仕上がりになることがわかります。

117目 ÷ 2.4目 = 48.75 (約49cm)
49cm × 2 = 98cm (仕上がり胸囲)

スワッチをまだ編んでいなければ、どのゲージを目指して編めばよいかわかります。

サイズ 2 と 3 の間の大きさになるよう胸囲の寸法を 95 cm に仕上げたい場合は、前後身頃をそれぞれ 47.5 cm に仕上げればよいことになります。

パターンの寸法では近いところで仕上がりが 91 cm（サイズ 2）または 102 cm（サイズ 3）です。ではゲージはいくつにするとよいでしょう。

目数÷寸法（cm）＝ゲージ

最寄りの数字のどちらかで計算すればいいでしょう。たとえばサイズ 2 で計算します。

117 目 ÷ 47.5 cm ＝ 2.46
（1 cm あたり 2.46 目）

10 cm に換算すると 24 目半（24.6 目）のスワッチを編めばよいことがわかります（訳注：あとはサイズ 2 のパターン通りの目数に従えば、ねらう寸法で編めるというわけです）。まだ段数ゲージは微調整が必要ですが、それは次にお話ししましょう。

段数ゲージ: なぜそうなるの?

「目数ゲージと段数ゲージの両方を合わせるのが難しいと感じている方？」と問うと、勢いよく多くの手が挙がります。私はこのように続けます。「まわりを見てみてください。手を挙げていない人は次のどちらかに当てはまります。段数ゲージを測ったことがないか、ウソをついているか」。

段数ゲージは、編み針の材質、編み方のスタイルまたは手法、糸の組成や撚り方など、さまざまな要素に影響されます。これらの要素をひとつ変えるだけで段数ゲージは変わりますが、もっとも重要なのはブロッキングした仕上がりの段数ゲージを正確に測ることです。そうしないと調整するにも正しく調整できません。

セーターを編む場合のもっとも有効なアドバイスとしてお伝えできること、それはテープメジャーを使用する回数を極力抑える、ということです。「テープメジャーが編み地に触れるのは 2 回だけ。一度はゲージを測るとき、もう一度はブロッキングをするときです」とみなさんに話しています。「ちょっと待て」とみなさんは思う（または叫ぶ）でしょう。「パターンに『編み地が作り目から 33 cm になるまで編む』と書いてあるときはどうすればいいですか？」という声が返ってきます。

はいはい、落ち着いて。「パターンに 33 cm まっすぐに編む」と書いてあるなら、「事前に測った段数ゲージをもとに、33 cm 分の段数を編む」と思ってください。そう、これで失敗することはありません。

自分の段数ゲージが合っていない状況で、パターンと同じ仕上がりにしたい場合は、増減目でシェーピングする箇所で調整が必要となるかもしれません。それでも心配ご無用、先にお話ししたパワフルな計算式を使います！　簡単な手順をいくつか踏むだけです。

異なるゲージで同じ仕上がり寸法に

1 シェーピングゾーン（増減目する部分）の段数を数える。

2 ①の段数をパターンの段数ゲージで割る。これによってパターン中のシェーピングゾーンの寸法（cm）がわかる。

3 ②の寸法（cm）に「自分の」段数ゲージを掛ける。これによって同じシェーピングを実現するのに必要な段数がわかる。

4 シェーピングゾーンの合計段数を、シェーピング段を編む回数で割り、小数点以下を切り捨てる。

　上記の手順を実際の袖に当てはめてみましょう。こういうトラウマを経験された方も多いでしょう——パターンでは、「編み地の両端で1目増やし、10段ごとにあと12回同様に増やし、以降は袖丈が45.5cmになるまでまっすぐに編む」とある。しかし、増し目を終えた時点で、すでに袖丈が48.5cmになっている！
　そう、これは段数ゲージのしわざです。
　パターンのゲージは10cm＝32段ですが、自分の段数ゲージは10cm＝28段だとしましょう。

先ほどの4つの手順で計算してみましょう。シェーピングを計算するしゃれた方法（いわゆる魔法の計算式的なもの）もありますが、できるだけシンプルにしておきましょう。

ステップ 1

シェーピングゾーン(増減目する部分)の段数を数える。

　袖のパターンは袖口から編み始めます。増し目段を 1 段編み、その後は増し目段を 10 段ごとに 12 回編みます。

10 段 × 12 回 = 120 段

　　シェーピングゾーンの段数は 120 段。

ステップ 2

ステップ1の段数をパターンの段数ゲージで割る。これによってパターン中のシェーピングゾーンの寸法(cm)がわかる。

120 段 ÷ 3.2 段(1 cm あたり) = 37.5 cm

　袖口を編み、袖のシェーピングをおこなっても、まだ 8 cm まっすぐに編める、ということになります。

ステップ 3

ステップ2の寸法 (cm) に自分の段数ゲージを掛ける。

37.5 cm × 2.8 段 (1 cm あたり) = 105 段

ステップ 4

シェーピングゾーンの合計段数をシェーピングする段数で割り、小数点以下を切り捨てる。

105 段 ÷ 12 回 = 8.75 段　→8 段 (ごとに増し目)

　「袖口から編み始め、最初の増し目段を編んだら、増し目段を 8 段ごとに (=8 段のうち 1 度) 12 回編む。そして袖丈が 45.5 cm になるまでまっすぐに編む」ということになります。

形状が異なるのに同じ計算式?

　この計算式は、異なるゲージでセーターのシェーピングゾーンを合わせるとき
だけでなく、ウェアの形状を変える（または部分的に変える）ときにも使えます。
　たとえば、先ほどの袖を異なるゲージで、七分袖にしたい場合です。

　袖丈を短くするために手順がひとつ増えます。袖丈を長くしたい場合も同じ手
順でシェーピングゾーンを長くします。

異なるゲージで仕上がり寸法を変える

1 シェーピングゾーン（増減目する部分）の段数を数える。

2 ①の段数をパターンの段数ゲージの数字で割る。
これによってパターン中の
シェーピングゾーンの寸法（cm）がわかる。

3 袖丈を短くする分（cm）を引く。

4 ③の寸法（cm）に自分の段数ゲージを掛ける。
これによって必要な段数がわかる。

5 シェーピングゾーンの合計段数をシェーピング段を
編む回数で割り、小数点以下を切り捨てる。

　先の袖と同じ袖を例に使います。パターンの袖丈は
45.5cm で、段数ゲージは 10cm = 32 段（1cm=3.2 段）
です。
　袖丈は 35.5cm にしたいとしましょう。
　ゲージは 10cm = 28 段（1cm = 2.8 段）とします。
　すでにシェーピングゾーンの計算はおこなっています。

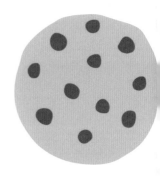

ステップ1　シェーピングゾーン(増減目する部分)の段数を数える。

　袖のパターンは袖口から編み始めます。増し目段を 1 段編み、その後は増し目段を 10 段ごとに 12 回編みます。

10 段 × 12 回 = 120 段。

シェーピングゾーンの段数は 120 段。

ステップ2　上記の段数をパターンの段数ゲージの数字で割る。

これによってパターン中のシェーピングゾーンの寸法(cm)がわかる。

120 段 ÷ 3.2 段（1cm あたり）= 37.5cm

ステップ3　袖丈を短くする分(cm)を引く。

　シェーピングゾーンから 10cm 差し引きして袖を短くしたい場合……パターンでは 37.5cm の間にシェーピングしています。**37.5cm − 10cm = 27.5cm。**27.5cm の間でシェーピングすることになります。

ステップ4　上記の寸法(cm)に自分の段数ゲージを掛ける。

27.5cm × 2.8 段（1cm あたり）= 77 段

ステップ5　シェーピングゾーンの合計段数をシェーピング段を編む回数で割り、小数点以下を切り捨てる。

77 段 ÷ 12 回 = 6.4 段　→ 6 段（ごとに増し目）

「袖口から編み始め、最初の増し目段を編んだら、増し目段を 6 段ごとに 12 回編む。そして袖丈が 35.5cm になるまでまっすぐに編む」ということになります。

ほら、できました！　クッキー算です！

　偽りのないスワッチを編みましょう。自分の納得する編み地を編みましょう。計算を効果的に活用しましょう。そして身体に合ったセーターを編みましょう。さあ、ここでご褒美のクッキーで休憩です。おつかれさまでした！

知恵のことば

一

ニットパターンは、
人生と同じ。
必要以上に
複雑にしないのが
いちばん。

第3章 パターン

軽く流すか、流さないか、それが問題だ

　本書の肝、本質、中心の餡子の部分、つまり編み物にまつわる様々なトリックの話をする前に、パターンについて話しておこうと思います。

　新しく編み物を始めたころは、パターンがどのようなものか想像しにくく、何を軽く流してよいかも識別できませんでした。同じ糸を使わないといけないの？　一言一句、忠実に従わないといけないの？　技法も忠実にその通りにしないといけないの？

　ひとつ確実に言えることは、作り目をする前にパターンをもとに２つ大きな決断ができる、ということです。パターンには、ゲージ、糸、サイズが記載されているので、「**何を**作るか」そして「**何で**作るか」を考えることができます。

何を使って編むか
（もしくは「一流シェフ」になるには）

　まずは材料です。一般的にニッターは２つのカテゴリに分類できます。ひとつ目は、パターンが気に入り、それに合う糸を探す場合。もうひとつは糸に惚れ込み、それに合うパターンを探す場合です。

　いずれにせよ、糸とパターンのマリアージュ（結婚）は神聖なもので、おいそれと踏み入ることはできません。そこに近づくには真剣な熟慮と、スワッチの恩恵が必要なのです。

　代替糸にかんしては、それに特化した本が出版されているくらいなので、中途半端に糸の世界について書くことは控えて、ここでは私からお伝えしたいアドバイスのトップ３を紹介します。

TIP その1

編み地の「試運転」をする

　1点目として、もっとも大事な点ですが、早まらないこと。糸の帯に書いてある情報だけで決めるのは気が早いです。言うならば、アップルパイが食べたくなり、台所を見回して食パンと豆の缶詰め、そしてスパム（豚肉の缶詰）を見つけて、「これでアップルパイが作れるわ！　もう待ち切れない！」と宣言するようなものです。スパムパイは食べたくないでしょう。

　買いに出かける前に、糸についてしっかり考えてみましょう。一流のシェフはレシピを持ってスーパーマーケットの店員に「牛をください」とは言わないでしょう。けっして言いませんよね。一流のシェフは部位から脂の入り方まで指定します。これと同じように、私たちもじゅうぶんに考え抜いたうえで材料を選ぶようにします。試して、遊んでみて、スワッチのためだけにスワッチを編む。

　糸選びを上手におこなうとは、糸玉の帯に書かれた情報以上のこと、原材料の繊維の配分率、組成、撚り、質感等々のすべてを考慮することです。その糸で編んだ編み地が気に入るか、模様編みとの相性は？　さあ、声をそろえて——「スワッチ」です。そう、スワッチを編みましょう。それも10cm角のかわいらしいものを編んで、「スワッチは編めたので、これで編み始めよう」というようなものではなく、実際に手にとって振ったり伸ばしたりできるもの、昔の生地見本程度の大きさのものです。

　ゲージを正しく測るにはある程度の大きさのスワッチが必要なことはすでにお伝えしましたが、編み地について知るためにも大きいスワッチが必要です。

TIP その2
セーターが「育つ」？

　プロジェクト用の糸を選ぶさいは、その繊維の性質や特性を考慮します。あたたかさ、吸湿性、伸縮性、復元力などです。大きいスワッチを編むことで糸にかんする多くのことを学べるとはいえ、ここで伝えておきたいことがひとつあります。糸選びについて、ニッターのみなさんからいちばん不満の声が多く寄せられる点です。そう、糸の伸びについてです。

　ウェアが仕上がり、はじめて袖（そで）を通したときには、なんら問題はありません。が、その後です。少しずつ伸びるのです。私も一度経験があります。コットンとバンブーの混紡でスクエアネックのトップスを編み、はじめて着用した日のことです。時間の経過とともに胸元に風を感じるようになりました。そして、とうとう友人に「もう少し私たちの想像力に任せてくれてもいいんじゃない？」と言われたときには、もう限界だと感じました。そう、編み地は永遠に伸び続けることはありませんが、数時間でカーディガンがバスローブに変身してしまうことは実際にありうるのです。

　編んだウェアが伸びるかどうか予測するには、糸の伸縮性と復元力を確認します。伸縮性は繊維の伸びる力、復元力は元の形状に戻る力のこと。前の章でスワッチに対する重力の作用についてお伝えした内容を思い出してください。

　糸が伸びやすいか否（いな）かは、どのように判断すればよいのでしょう。私の判断基準は、編み地に光沢があるかどうかです。光沢があれば伸びる可能性があります。シルク、レーヨン、ナイロン、スーパーウォッシュメリノ、バンブーなどの繊維はどれも表面がすべらかなので光を反射します。すべらかであるということは抵抗がなく、段と段の間でも編み目同士に引っ掛かりがないということになります。編み目同士がすべり抜け、編み地が縦に伸びるのです。

　さらにニッターとして犯してはならない最大のミスは、復元力にとぼしい繊維をガーター編みのように縦伸びしやすい編み地に編むこと（シルク・ドゥ・ソレイユの曲芸師を思い出してください）。疑わしいときにはパターンのデザイナーが使用した糸の組成を確認することです。もしその糸に復元力があって、その代替糸を探す場合は、同じように復元力（ふくげん）に優れたウールなどの素材を探すようにしましょう。

TIP その3

糸の番手（密度）は大事

　最後に、糸選びでもっとも見落としやすい要素を挙げるとするなら、糸の密度、つまり番手でしょう。番手は重さと糸長との関係を示します。ニッターのみなさんは「重さ」（weight）というと、糸の太さを思い浮かべるでしょう。たとえば、ウーステッド（worsted：日本の「並太」程度の太さ）やフィンガリング（fingering：日本の「中細」程度の太さ）などです。ここではスケール（はかり）にのせたときの重量を指します。

　同じゲージに編み上がる糸でも重さが異なります。大幅に異なることもあります。糸の重量はさまざまな繊維の含有量と構造によって左右されます。ウーステッドの糸が320m／100gであっても、別の糸は同じ100gでも160mしかないこともあります。この場合、後者の糸で編んだセーターの重さは2倍に仕上がることになります。番手は全体の重さに影響するだけではく、ウェアのだれや落ち感にもかかわります。まずい代替糸と誤ったサイズ選択が重なれば、軽いセーターを編むつもりが10トンのテントが編めてしまうかもしれません。

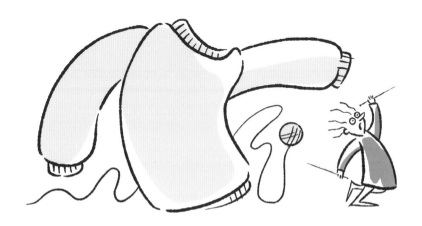

何を編むにもサイズは大事

　セーターを編む場合は、正しく材料を選ぶことに加え、適切なサイズ選びも非常に重要です。私の経験上、仕上がったセーターが小さすぎたケースの 99% はスワッチ編みの工程を急ぎすぎたと言えます。そしてセーターが大きく仕上がったケースの 99%はサイズの選択を誤った場合です。

　最近では「ゆとり」を考慮することから、サイズ選びがさらに複雑になってきています。ときどき、私たちデザイナー側から情報を過剰に提供していることがあります。ニッターのみなさんの質問から、「ゆとり」の記載によってニッターが混乱してしまうことに気づきました。「ゆとりは含まれているの？」や、「パターンには "5cm のゆとりを想定して着用する" と書かれているけど、私は胸囲 101.5cm のセーターを編みたいの。その場合は 96.5cm のサイズか、それとも 106.5cm か、どちらを編めばいいの？」、または、「パターンの寸法にさらに 5cm 足さないといけないの？」などの質問です。

　では内実を見てみましょう。「ゆとり」は身体の実際の寸法とセーターの寸法との差を指します。そう、それだけです。トリックなどはありません。寸法図ではウェアの仕上がり寸法を示します。仕上がり寸法が 101.5cm と書かれていればその通りに仕上がります。実際の胸囲が 96.5cm で、そのサイズ、つまり 101.5cm に仕上げると、ゆとりは 5cm になります。

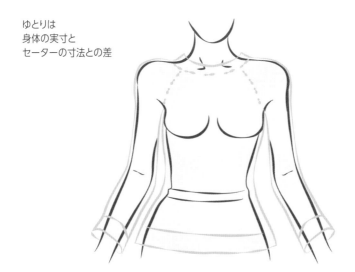

ゆとりは
身体の実寸と
セーターの寸法との差

このように考えてみてください。家具のカタログに掲載されているテーブルの寸法が 1.2m × 1.8m の場合、それはテーブルの実際の寸法です。そのテーブルを置く部屋の大きさではありません。置こうとしている部屋にそのテーブルが合うかどうかは自分で判断する必要があります。テーブルのデザイナーはみなさんの部屋の大きさや壁とテーブルとの間にどのくらいの空間をあけたいか、などはまったく知りません。それは部屋ごとに、そしてひとりひとり異なります。

ゆとりにかんしては 3 つのポイントを押さえておきたいです。

- **セーターの構造**

セーターの構造によって必要なゆとりも異なります。たとえば、ドロップショルダーのデザインではゆとりが 15 〜 20cm です。なぜ、そんなに多くとるのでしょうか。それは身幅の一部が肩の袖山部分まで下がり落ちるからです。身頃部分にじゅうぶんなゆとりがなければ、脇下で編み地が寄ってしまいます。

ラグラン袖の場合は動きやすく着用できるようにアームホールが深めになっていることが多いです。ドルマン袖やドロップショルダーをアレンジしたデザインも、身幅を多めにとり、その分が袖山になるため、身体に正しくフィットさせるためにはゆとりを多めに設ける必要があります。その反面、セットインスリーブの袖の構造は、身体に腕が接続している状態に近いため、ゆとりも融通が利きます。パターンのサイズを参考にしてみてください。

- **デザイナーの意図**

まずパターンの写真を見てみてください。セーターはどのように着用するものでしょうか。オーバーサイズ、リラックスタイプ、テーラード、それともスリムフィットですか。モデルが着用した様子はどうですか。写真にはモデルが着用しているサイズやゆとりの記載はありますか。たとえば、S サイズの仕上がり寸法が 101.5cm の場合、「胸囲が 86.5 〜 91.5cm 対象」や、「ゆとり 10 〜 15 ㎝で着用」と書かれているかもしれません。これらはすべて、どの程度ゆとりをとればよいか判断する手がかりとなります。

- **個人的な嗜好**

これこそ大事なポイントです！　自分ではどのように着用したいですか？　その下には何を着ますか？　何が好きですか？　みなさんが私のために編まないかぎり、サイズにかんする私の意見は参考になりませんよ。

　代替糸と同じように、セーターのフィットにかんしても素晴らしい書籍がたくさんあるので、私からは4つのポイントをお伝えするだけにとどめておきます。

正しいサイズを選ぶための4つのヒント

TIP その1

パターンで推奨しているゆとりの寸法は命令ではない

　パターン中にゆとりにかんする数字が書かれていても、それは目安として書かれているだけです。そのセーターの編み方の場合、デザイナーが意図する着用感を伝える方法にすぎません。方程式のようなものではありません。寸法をその通りにしたり、何か対応が必要だったりということはありません。

TIP その2

何に対するゆとり？　ヒント：すべては胸まわりのこと

　パターンでゆとりについて記載がある場合、たとえば「ゆとり5〜10cm」とか「ゆとり分として5〜10cm含んだサイズ」と書かれているのは、胸囲のことです。

　なぜ胸囲なの？って、どのセーターもアームホールや肩まわりのフィット感が異なりますが、基本は「筒状」になっていて、肩の構造にかかわらず筒は胸のまわりを囲むため、ゆとりはつねに胸囲に対するゆとりなのです。

　しかし、どの胸囲？　パターンではひとつしかないように見せていますが、実際には2通りの採寸ができます。フルチェスト（Full chest）とハイチェスト（high chest）があります。フルチェストは胸のもっとも豊かな部分にテープメジャーを巻き付けます。ハイチェストはトップバストより上、ちょうど脇下にそって測ります。

　セーターのサイズを決めるさいには、まずハイチェストの寸法に合わせるとよいでしょう。多くのニッターは、このようにハイチェストを基準として、そこにゆとり分を加えると着心地がよいと聞きます。ハイチェストは骨格の寸法であり、アームホール丈や背肩幅など、ほかの骨格の寸法と直接的に関連しています。

　フルチェストは筋肉や脂肪の数値であり、ゆとりを与えすぎると逆に着心地が悪くなります。

TIP その3

着心地のよいセーターを採寸すること

　寸法図の寸法はウェアの仕上がり寸法なので、まずは自分に合っているセーターやトップスを測ってみましょう。同じ条件のもの同士を比較するのです。自分の身体で採寸するよりもこのほうが役立つことが多いです。ただ気をつけたいのは、採寸するセーターまたはトップスは素材や袖の構造が近いものを選びましょう。

　もっとも重要（そしてもっとも驚く）TIPは……（ここでドラムロール）

TIP その4

ひとつのサイズを万人に合わすことなどできない

　これこそ、ほとんどのニッターがショックを受けるかもしれませんが、裁縫をする方たちにとっては当たり前のこと。大丈夫ですか？　選ぶサイズは出発点です。ベースサイズ、つまり元となるサイズです。セーターのパターンで、どれだけサイズ展開されていても、すべての体形に合うことなどありえません。従って、自分のハイチェストの寸法をもとに、最適なベースサイズを選び、クッキー算を取り入れて、あとはゲージに期待しましょう！

パターンのひみつの言語

　最後にパターンに使用される用語について話しておきましょう。

　そう、恐ろしく奇妙な、ひみつの暗号のようにも思えてしまう、あれらの用語についてです。私が伝える技がなぜパターン中に書かれていないのか、と聞かれることがよくあります。ひとつの理由としては、パターンは簡潔に書かれ、ニッターにある程度の知識がそなわっていることを前提としているからです。しかも、もっとも簡単な技法で書かれています。

「肩の伏せ止め」を例にしてみましょう。はじめてセーターを編んだ方を例に挙げます（匿名性を守るため、彼女をマディー・ブライアンズと呼びましょう）。彼女は変に難しく考えてしまったようです。

　パターンでは「左右の肩先側で５目ずつ２回伏せる」と書かれていました。この初心者ニッターさんは、段の編みはじめで５目伏せ、最後の５目手前まで編み、この５目も伏せていったところで中途半端に針にかかった編み目を前に途方

に暮れ、糸をいったん切り、糸始末をして、次の段の編みはじめに糸をつけ直して、をくり返しました――「なんですって!?」――そのときはこれがグッドアイディアだと思えたのでしょう。

　パターンには「左右の肩先側で 5 目ずつ伏せる」と簡潔に書かれているだけで、この場合の伏せ目は段のはじめでしかできないことをすでに知識として持っていることが想定されています。

　それにパターンはもっとも簡単な技法を用いるように書かれています。肩下がりと言えば伏せ止めです（訳注：日本ではこのかぎりではなく、引き返し編みを連想する方が多いと思います）。パターンは肩で何目ずつなくなるかを示していますが、なくすための方法は自分の「引き出し」から引っ張り出してくるしかありません。

　パターンはあるモノの作り方であり、編みもののハウツー本ではないということです。パターンは何をするかという「レシピ」であり、細かい手順を示すものではありません。コメディドラマ「シッツ・クリーク（Schitt's Creek）」ファンのみなさん、まさしく "fold in the cheese" の場面ですよ（訳注：fold in the cheese は「チーズを混ぜ合わせる」という意味の独特の言い回し。知らないと文字通り「チーズを折りたたむ」という意味に受けとってしまうことから）。

　このように、パターンは主な材料、寸法、そして "fold in the cheese" のように、特殊な用語や言い回しが書かれていると思っておくとよいでしょう。

さて、これ以上話を広げずに、進めていきましょう！

編んで
ほどいた
ほうが、
まったく編まない
よりもいい。

第4章 作り目

はじめの一歩を大切に：
第一印象を決めるチャンスは一度だけ

　まずは作り目から始めましょう。もし私が無人島に置き去りにされることになって、作り目の技法を2つだけ持って行けるとするならば——（そう、まったく話が通じないとは思いますが、どうかお付き合いください）——ロングテール・キャストオン（指でかける作り目）とケーブル・キャストオン（編みながら作る作り目のひとつ）を選ぶでしょう。定番の2つを持っていれば、ほぼ何にでも対応できます。しかし、どちらもまだ改善の余地がたくさん残されています。

ロングテール・キャストオン
（指でかける作り目）

　認知度が高く、重宝されているのには理由があります（202ページの「基本テクニック」で、簡単におさらいできます）。長い人生の伴侶（はんりょ）と同じように、ロングテール・キャストオンは万能でしっかりしていながらも柔軟性があります。

　しかし、人生の申し分のないパートナーでさえも直してほしい点はいくつかあるものです。

ここでお伝えする4つのポイントを直せば、
ロングテール・キャストオンは
ほぼパーフェクトと言えるでしょう。

ポイント その1

ボブ・ヴィラ氏のルール（もし彼が編み物をしていたなら）
──測るのは2度、作るのは1度

（訳注：ボブ・ヴィラ氏はアメリカのホームセンターテレビ番組の司会者）

　作り目を400目するところ、394目で糸が足りなくなるほど腹立たしく気が遠くなることはありませんね。今まで、いろいろなトリックが紹介されてきました。腕の長さをもとに糸端の長さを決める方法や、糸の太さ別に1目あたりの糸量を示すチャートや、さらには円周率を使った数式（これ本当の話です！）など。しかしどれも面倒に思えました。シンプルかつ正確な方法をお伝えしましょう。

1. まず糸始末分の糸端（15〜20cm）を残し、糸を編み針に10回巻きます。

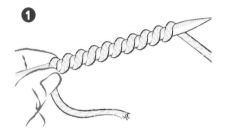

2. 巻き終わったほうから、その糸端を親指にかけて10目作ります。

3. 最後に作った目のベース部分を指でつまみ、そのまま、最初に作った目以外は針から目をはずします。その最初の目をもう片方の手でつまみます。

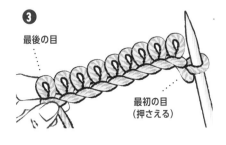

最後の目

最初の目
（押さえる）

4. 両手を広げて10目をほどきます。広げた糸の長さが作り目10目分に必要な長さです。

5. 10目分に必要な糸の長さを必要な作り目数に当てはめます。定規や電卓を引っぱり出すような大袈裟なことはせず、必要な長さの糸を折り重ねるだけです。

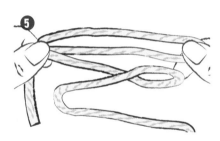

ポイント その 2

よりよいスタートを切る——醜^{みにく}いノットにサヨナラを

　私を信じて、スリップノットは使わないで。そう、いつも編みはじめの手順は
スリップノットから始まりますが、そもそもなぜでしょう。最初の目も、ほかの
目と同じ表情にしたければ、ノットを作らず、最初の目もほかの目と同じように
作ればよいのです。前の改善点で作り目に必要な糸端の見積もり方をご紹介した
ので、今度は見苦しいノットなしで作り目をしてみましょう。

1. 編み針に測った糸端が手前になる
　　ようにかけ、針を持つ手の人差し指
　　で糸端を針の上で押さえます。これ
　　が作り目の1目めになります。

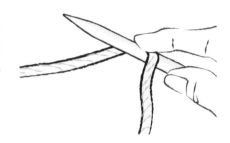

2. もう片方の手の親指と人差し指を
　　糸端と編み糸との間に入れて目を作
　　ります。目を作る動作によって手前
　　にかけた糸端をねじることになりま
　　す。これで目がもう1目できました。

ポイント その3

撚り解けをなくす

　ロングテール・キャストオンの方法で作り目をしていると、針から親指にかかっている糸端の撚(よ)りが解けてくることはありませんか。これはうっとうしいだけでなく編み物にダメージを与えかねません。糸の撚りが解けるといくつかの細い糸に分かれ、作り目の鎖(くさり)状のベースが弱くなり、引っかかったり、ほつれたりする可能性があります。 パティ・ランドでは、いつものように「何を」、「なぜ」、そして「どうやって」直すか、説明します。

　まず、「何を」からです。ロングテール・キャストオンがニッターのみなさんに重宝されているのは、作り目がたんに土台のないループを連ねただけのものではなく、実際に編み目が1段分できるからです。第1章でもご覧いただいたように、表目は（編み糸でできた）ループが別のループ（針上の既存の目）から引き出されたものです。しかし、ロングテール・キャストオンを始めるときには針上にはまだ編み目がありません。編み目を作る必要があります。それがないと編み糸を引き出すにも引き出せません。さらにくわしく見ていきましょう。

　作り目をするときには、糸を左手に、針を右手に持ちます。糸玉からの編み糸は人差し指にかけます。この糸を「人差し指の糸」と呼びます。糸端は親指にかけるので「親指の糸」と呼びます。

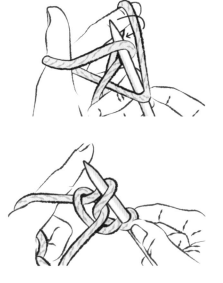

　目を作るときには針が親指の糸の外側から親指にかかったループの真ん中を通ります。このとき、親指を左針だと思ってください。右針で人差し指の糸を引っかけて親指のループに通して引き出す動きは、まるで新しい目を編むときの様子とそっくりです。

　私の母はいつもこう言っていました。「ひとつだけ困ったことがあるの。右針を
自分のほうに向けて親指の糸でループを作ろうとすると、いつも親指の糸の内側
から撚りが解けてくるの。撚りがなくなればなくなるほど糸がほどけるのよ」と。

　安心してください、ちゃんと修正できます。作り目のはじめに戻りましょう。

1. 糸端に必要な長さを測ったあと、糸端でバタフライを作っておきましょう。小指と薬指で糸端を手のひらに押さえ、8の字を描くように糸を中指と人差し指に巻きつけます。

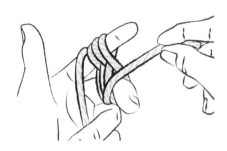

2. 巻き終えたら、バタフライを指からはずし、糸端でループを作り、そのループにバタフライを通して、糸端を引いて締めます。（「コメディの登場人物は3人が効果的」と言われるように、バタフライにも同じ原則がはたらき、）同じようにループを作ってはバタフライを通して引き締めることをあと2回くり返します。

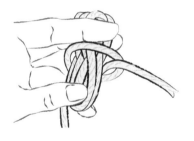

3. 作り目をしながら親指の糸の撚りが解けてきたら、バタフライを落とします。その重さで糸は元の撚り糸に戻ります！

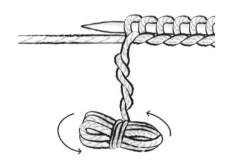

ポイント その4
悲しい「への字」型の作り目はもういらない

　みなさんも経験があるでしょう。ゆるく作り目をしようと私たちはいつも頑張ってきました。針を2本使って作るときだってあった。それでも口角が下がったような悲しい表情の作り目になってしまう。

　私たちの多くが教わった作り目のサンプルです。昔ながらの悲しい「への字」型をしています。

2号太い針で作り目をしても、目と目の間隔をあけることにはならない。

　きつくなりすぎないように努力しました。2号太い針でも試してみましたが、伸縮性のある作り目ができる代わりに、1段めの目の背が高くなりました。スワッチの裏面を見てみてください。作り目の1段めが縦に長くなっているのがわかりますね。

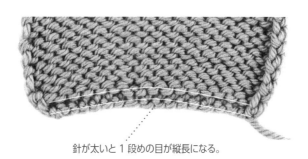

針が太いと1段めの目が縦長になる。

「えぇ!? じゃあ、なぜ"2本の針を使えばうまくいく"ってみんな言うの?」って、みなさんの心の叫びが聞こえてきます。その答えは残念ながらわかりません。しかし、効かない理由と修正方法はわかります。もう一度ロングテール・キャストオンのしくみを見てみましょう。

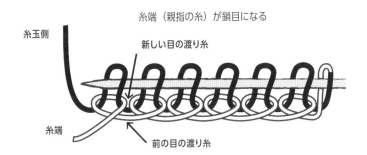

糸端（親指の糸）が鎖目になる

新しい目の渡り糸

糸玉側

糸端

前の目の渡り糸

太い針で作り目をすると、針にかかるループが大きくなり、それによって目と目の間の渡り糸も長くなり、編み目同士の間隔が広がる……と思うでしょう。ここで問題となっているのは針にかかるループではなく、その足元で鎖（くさり）状に巻き付いている糸です。

鎖状のベースは糸端（親指の糸）でできています。作り目をするときに針を親指の糸の外側へ移動させてできるものです。人差し指の糸で編むときに編み入れる土台となる部分です。

人差し指にかかる糸が実際に編む編み糸です。これが針にかかって編み目となり、編み目の間を渡る渡り糸になります。これを編み地の1段めだと思ってください。土台の段（鎖状のベース部分）と1段め（作り目のループ）が同時にできることで、作り目がきつくなってしまうのです。すべては編み目同士の間隔、つまり渡り糸に因（よ）るものです。

作り目のときに、目を次々と寄せて作ると編み目が小学校の「小さく前にならえ」の状態になります。さらに、鎖状の土台によって整列した目が寄った状態でつながれます。表目は上半分のほうが大きいと話しましたが、編み目を針からはずして平らに置いても編み目は広がることができず、その結果、「への字」の悲しい表情になってしまいます。

ラスベガスのダンサーたちが、大きなヘッドドレスを付け、足首をつながれて、横向きに一列に並んだ状態から、全員が正面を向こうとしたところを想像してみてください。どうみても素敵とは言えませんね。

痩せすぎるダンサーたち

編み目の間には空間が必要です。
目を 1 目作ったあとに、指先を編み
針にそえて空間を確保し、そのま
ま、次の目を作ります。

これをくり返すだけです。

こうすることで作り目同士の間に
必要な空間ができ、横向きに一列に
並んでいた大きいヘッドドレスをつ
けた彼女たちが正面を向いても、ま
だ余裕があります。

右図の最初の 5 目と後の 5 目の
ちがいを確認してみてください。最
初の 5 目は昔ながらの方法で作り、
あとの 5 目は指先をスペーサーとし
て作りました。

指がスペーサーの役割を果たす

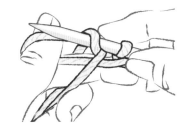

指先をスペーサーとして使った作り目

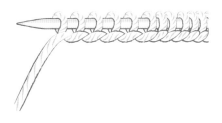

仕上がりが実証してくれます。

6mm 針を使って
スペースをあけず作り目をした場合

5mm 針を使って
指先でスペースをあけながら
作り目をした場合

指でかける作り目を一歩先へ

　指でかける作り目がどのようになっているのか、つまり、じつは表編み1段に相当していることがわかれば、世界が一気に広がり始めます。たとえば、「表編みができるなら裏編みもできるのでは？」という疑問がわいてくるでしょう。

　もちろんできます！

　作り目の最初に戻りましょう。針からは人差し指と親指へ2本の糸が伸びています。土台の段の作り方については親指の糸から人差し指の糸を引き出して編み目ができることを説明しました。また人差し指の糸を後ろ側に、そして親指の糸を手前に持つことも確認しました。これらはすべて理にかなっていますね。表目を編むときには糸が後ろ側にあります。そして裏目を編むときには手前にあります。

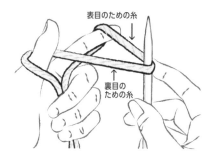

親指の糸が前、
人差し指の糸が後ろ

表目のための糸 ↓

裏目の
ための糸

　表目はループからループを引き出し、裏目はループからループを押し出したものです。この理屈を作り目に当てはめてみましょう。親指の糸でループを作り、そのループから人差し指の糸で作った新しいループを**引き出す**ならば、人差し指の糸でループを作り、そのループから親指の糸で作った新しいループを**押し出す**ことができます。そうですよね？

段階的に確認してみましょう。みなさんも作り目を手にとり、ご一緒にどうぞ。

1. 表目の場合、針先は**親指**の外側から、親指にできたループに、下から上に向けて通します。裏目の場合、ちょうど裏目を編むときのように、**人差し指**の外側から人差し指にできたループの下から上へ、自分のほうに向けて通します。ここでは人差し指がもう1本の編み針の役目を果たします。

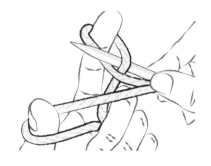

2. 針からはずれそうな親指の糸を見
てみると、ちょうど裏目を編むとき
に手前に移した編み糸のようです。
その親指の糸を、裏目を編むときと
同じように針先にかけます。

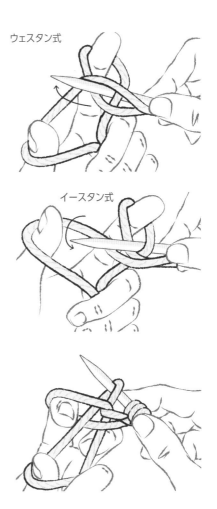

ウェスタン式

イースタン式

ウェスタン式に編む場合は針先が親
指の糸の**下**をくぐるため、糸は針の**上**
にかかり、イースタン式またはコンビ
ネーション式の場合は、針先は親指の
糸の**上**を通るため糸は**下**からかかるこ
とになります（そうです、イースタン式
ニッターのみなさんは表目の作り目をする
ときは人差し指の糸の下に針先をくぐらせ
て、糸が上からかかるようにしています）。

3. 裏目とは何でしょうか？　ループ
を別のループから押し出したものな
ので、針を人差し指にかかっている
ループから押し出し、人差し指をル
ープからはずして引き締めます。

　作り目のしくみがわかれば、表目であろうと裏目であろうと、新しい世界がみ
なさんのことを待ち構えています。
　たとえば、2目ゴム編み（表目2目と裏目2目のくり返し）を編むときには、この
2目ゴム編み状に作り目ができます。表目の作り目を2目、裏目の作り目を2
目。これをくり返します。これで2目ゴム編みのときにできる最初の段のやや不
自然な表情が解消されます。1段めのパターンの通りに作り目をして、2段めから
編み始めます。この状況は平編みでも輪編みでも変わりません。

　慎重に 400 目作り終わったにもかか
わらず、1 段めを編んでいる途中で作り
目を 1 目落としてしまったときほど腹
立たしいものはないでしょう。でも決
して恐れないで。この方法ですぐに救
えます。

　本書では編み地の修正方法について
は扱いませんが（もしかしたら次に出す
本の候補としていいかも！）、この修正方
法はここに加えないわけにはいきませ
んでした。作り目の構造を説明し、親
指の糸と人差し指の糸の役割も理解し
たので、この修正方法を紹介する絶好
のタイミングです。

　作り目の修正方法の説明に入るまえ
に——表目を落としてさらに下へ伝線
しそうな状態での「目の拾い方」を確
認してみましょう。

1. 表編みの面から見て、
落とした目の手前から後
ろに向けて左針先を入れ
て、目を針にのせます。

次に、左針先をハシゴ
状になった渡り糸の下に
くぐらせ、左針先にかけ
ます。

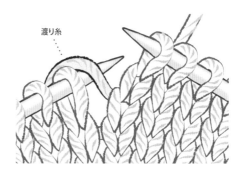

2. 右針先でループの「右
足」を持ち上げ、渡り糸
の上にかぶせます。ジャ
ーン！ 落とした目が修
復できました。

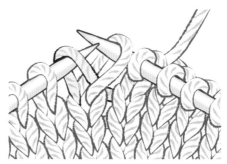

　作り目を落とした場合、かぎ針を使うことでも修復できます。2 本の渡
り糸の間にかぎ針を下に向けて通します。かぎ針を反時計回りに回転させ
て手前の渡り糸をねじり、後方の渡り糸をかぎ針にかかったループから引
き出します。最後に、拾った目をかぎ針から編み針に戻します。
　ただ、落ちた作り目をかぎ針で修復するって、少し面倒に思われるかも
しれません。ここでご覧いただいたように、編み目が 1 段落ちただけだと
かぎ針は不要です。編み針の先で拾えます。作り目を落とした場合も編み
針で修復してみましょう。

作り目を落としたときの状態です。ループが落ちたときとちがい、なんとも不気味な糸が2本確認できます。あわてないでください。

指でかける作り目をするときには実際に1段表編みをしていることを説明しました。また落とした目は表編み側から拾う方が拾いやすいこともわかっています。なので、往復編みの場合は編み地を返して落とした目を拾うとよいことがわかります。輪編みの場合は作り目をしたあと、編み地を返さずに編んでいるのでそのままの状態で大丈夫です。

渡り糸をよく見てください。手前の渡り糸のほうが下にあり、少し短いことがわかります。この渡り糸が親指の糸で作り目をするときにねじっている糸です。後方にあるもう片方の渡り糸が人差し指にかかっていた糸です。

指でかける作り目の状況を思い出してください。ねじり増し目とも似ていて、片方の糸をねじり、そこでできたループからもう一方の糸を引き出しています。それと同様の状況をここで作ります。

1. 左針先を 2 本の渡り糸の間に下
から入れて、手前の糸をかけ、
「右足」(右針先に近いほうの足)が
向こう側になるように針にのせま
す。これが落とした目です。

右足

2. 左針先を後ろ側の糸の下にくぐ
らせ、糸を針先に垂らすようにの
せます。「8」の字の形になり、
こちらが編み糸です。

手前のループの左足

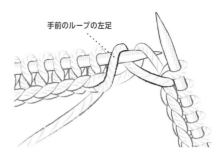

3. 右針先に、「手前のループの左
足」が手前になるように引っかけ
て持ち上げ、後ろ側の糸にかぶせ
ます。

　どうなったかわかりますか?　「左足」(針先から遠いほうの足)を持ち上げ、糸
をねじってループを作り、これを持ち上げてもう片方の糸にかぶせ、ループから
編み目を引き出しました。ほら、これでできあがりです。
　拾った作り目を正しいほうの針にのせます。平編みの場合は編み地を元に返し
て、段の続きを編みます。

ケーブル・キャストオン

　私が無人島に「持って行く」もうひとつの作り目技法はケーブル・キャストオンです。作り目の下端が美しく、丈夫で、ブレードのような表情が崩れることはありません（202 ページの「基本テクニック」参照）。

　しかし、「美しくない」ポイントが 2 つあるのでこれらの処置が必要となります。それは始まり方と終わり方です。

　ケーブル・キャストオンでは、最初の 2 目の間に針を入れて次の目を作るため、先に 2 目作っておく必要があります。ケーブル・キャストオンの指示としてよくあるのは、スリップノットで 1 目めを作って左針にのせ、表目を編むときのようにそこに右針を入れ、糸をかけ引き出し、できた目に左針先を右針の下から入れ、目を左針に移す……つまり「ニッテッド・キャストオン」（編みながら作る作り目）の方法で 2 目めを作る、という方法です。

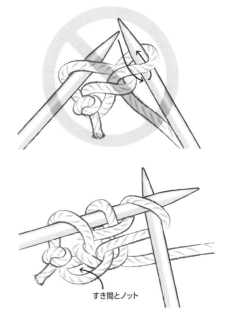

すき間とノット

　左針に 2 目できたらその間から糸を引き出してケーブル・キャストオンを続けます。

　しかし、この方法では目障りなノットと小さな奇妙な「すき間」ができてしまいます。

　これを直す方法が 2 通りあります。

修正方法 その１

　まず作り目をするときには輪針または両先針を使用します。必要目数に 2 目余分に作ります。編み目を作り終えたら作った目を針の反対側までスライドさせ、スリップノットと最初に作った目を針からはずしてほどきます。

　この結果、ずいぶんとよい状態になりますが、まだパーフェクトとは言えません。作り目のベース部分のループがやや伸びていることがわかりますか？　このループは先にほどいた目に巻きついていたループです。

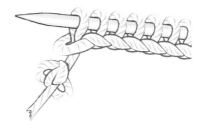

余分な目をはずしたあとのケーブル・キャストオン

　糸端をやさしく引っぱると、そのループが引き締まり、下端がすっきり整います。しかし、引き締めすぎると元に戻すのが大変なので、気をつけてください。

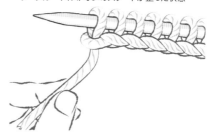

ケーブル・キャストオンのスタートが整った状態

修正方法 その2

　しかし、パターンの編み目に合わせて作り目をする場合はロングテール・キャストオンと同じ方法、つまり糸端を針の上に垂らしてこれを1目めとする方法がよいと思います。

　ケーブル・キャストオンをするには針を右手から左手に持ち替えることが必要なため、最初のロングテール・キャストオンの目をケーブル・キャストオンの表情に合わせることが美しい作り目にする秘訣です。

　ということは表目にケーブル・キャストオンを使うなら、ロングテール・キャストオンで裏目を1目作り、編み地を返し、表目をケーブル・キャスト

最初にロングテールを使う

オンで作り始めます。裏目にケーブル・キャストオンを使う場合は（そう、裏目ですよ）、ロングテール・キャストオンで表目を1目作り、編み地を返し、ケーブル・キャストオンで裏目を作り始めます。

ほら、目障りなノットやすき間がなくなりました。

スリップノットから
ケーブル・キャストオンを始めた場合

スリップノットを使わずに
ケーブル・キャストオンを始めた場合

そう、裏目です!

　さて、パーフェクトなスタートが切れたので、終わりもパーフェクトにしたい
ですね。しかし、最後の魔法のトリックをご紹介する前に、裏目についてお話し
しておきましょう。裏目の作り目は驚くほど直感的なのです。このようにします。

1. 最初の目を作ってケーブル・キャストオン
   の準備をします。裏目の作り目をするため、
   最初の目はロングテール式に表目を作りま
   す。編み地を返して持ち直し、針先を後ろ側
   から手前に向けて入れ、糸は手前にして裏目
   を編むように針に糸をかけます。

2. 裏目を編むときのようにループを押し出
   し、それを左針に表目を編むようにのせます
   (左針先をループの下に入れます)。

　こうすると非常に安定した状態の裏目ができます。個人的にはガーター編みを
スタートするには絶好の方法だと思っています。もちろん表目と裏目を交互に作
ってリブ編みに合わせた作り目もできます。丈夫な目が作れるため、帽子や靴下
のように伸縮性が最大限に求められるものよりも、セーターの裾などに適してい
ます。ほら、端が丸みをおびて、まるでチューブラー・キャストオン (tubular
cast-on:ゴム編みの作り目に袋編みを加えた作り目) かのように見えます。それも手
間をかけずに、ね。

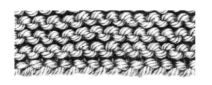

裏目のケーブル・キャストオンに
ガーター編みをした場合

リブ編みの編み目に合わせた
ケーブル・キャストオン

ケーブル・キャストオンでは角が丸くなる

カーブした端を整えましょう

　私のケーブル・キャストオンに対する愛は溢れ_{あふ}ていますが、終わり方にはまっ
たく愛情がわきません。最後の目がその手前の目に重なるだけでなく、角が丸み
をおびます。これによってスカーフは台無しになり、セーターの身頃をとじ合わ
せるときにもやっかいな状況になります。

　いつものように、修正方法を見
出すためには、「なぜ」の部分を
ひもとく必要があります。ケーブ
ル・キャストオンではそれぞれの
ループは前の編み目のベースにな
ると同時に新しい編み目でもあり
ます。最後の目にはベースとなる
部分がありません。とどまるベー
スもなく寂_{さび}しく風に吹かれています。

　これを解消する方法として、余分に1目作り、はじめに2目一度をする方法を
見かけたことがありますが、これだとまた別の問題が生まれます。減目によって
編み地に厚みが出て、最初の目が裏目の場合にはだらしなく見えます。そこで、
その端を整えるために私が考え出した方法です。それはその目を完成させるこ
と！です。

表目の作り目の場合

1. 右針でループを引き出し左針に移す前に、2本の針先の間から編み糸を引き出し、かけ目のように右針の後ろへ移す。

引き出し、右針にかけた編み糸

最後に作った目

2. 右針の編み目に左針先を入れて持ち上げ、**1**で作ったかけ目にかぶせる。これで右針に1目できる。

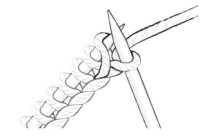

3. この目を、表目を編むような恰好（かっこう）で左針に移す。

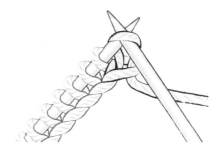

これで最後の目も
宙に浮いた状態ではなく
ベースができます。

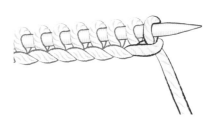

裏目の作り目の場合

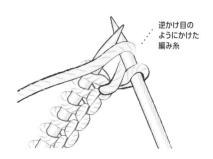

逆かけ目の
ようにかけた
編み糸

1. 右針でループを引き出し左針に移す前に、編み糸を2本の針先の間から、逆方向のかけ目のように右針の後ろから手前にかける。

2. 右針の編み目に左針先を入れて持ち上げ、糸を手前にした状態で **1** で作ったかけ目にかぶせる。これで右針には1目できる。

3. この目を、裏目を編むような恰好で左針に移す。

　持ち上げてかぶせた目が新しく作った最後の目のベース部分の裏目の凸部分になります。
　これでパーフェクトです！

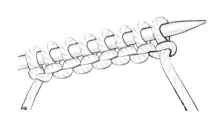

これでケーブル・キャストオンを近づいて見られます。
片方の端に奇妙なノットができたり、
端がカーブしていたりといった問題はありません。

残念な端……

……うれしい端

どうして「100」まで数えられないの？

　ニッターなら誰もが知っているゲームをご紹介しましょう。100目作り目をして、確認のためにもう一度数えます。ん？　99目……もう一度数えます。え!? 今度は101目？　編み友さんに数えてもらうと今度は98目。作り目がまるで細胞分裂して増殖と結合をくり返しているかのようです。

　それよりも気に障るのは作り目の最中に邪魔されることです。面白くないですよね。そこで、作り目の最中に数を見失わないようにするための大好きなトリックをご紹介しましょう。

　どのような作り目の方法にも使え、マーカーをたくさん用意して針に通したり、はずしたりする必要はありません。必要なものはすべらかなコットンの別糸、そして「10」まで数えられること。それだけです。

　どのような方法でもかまいませんので、まず10目作ります。
　ここで別糸の出番です。糸端を手前側に少し出し、残りを後ろ側にします。編み針の下、作り目の前に、はさみます。

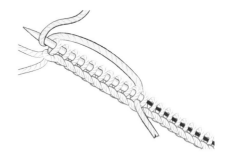

1. さらに10目作り、別糸を後ろ側から手前に移します。つねに別糸が針先の下に来るようにして移します。

2. さらに次の 10 目を
作り、今度は別糸を
手前から後ろ側へ移
します。

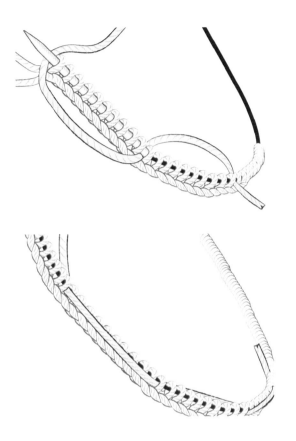

このように 10 目ごと
に別糸を前後に移しま
す。そうすると邪魔が入
っても、例えば別糸をは
さんだあとに 2 目あれ
ば、「10 目」が何回ある
か数えて、そこに 2 目を
足せば大丈夫です！
　さらに、作り終わって
からステッチマーカーを
10 個や 20 個もはずす手
間もはぶけます。別糸を
スルッと引き抜くだけで
す！

これで作り目の準備は万端です！
さあ、ここからが楽しい時間です。

—

記憶したことは忘れるかもしれない。でも理解したことは決して忘れない。

第5章 増し目と減目

勝つこともあれば、
負けることもある

ピカソが残した言葉、「Learn the rules like a pro, so you can break them like an artist.（プロフェッショナルのようにルールを覚えると、芸術家のようにルールを破れる）」。たしかにその通りです。彼はたしかに素晴らしいと思いますが、その一方で「There are only two types of women – goddesses and doormats.（女性には、女神とドアマットの2通りしかない）」という言葉も残しています。ここでは「芸術家」にまつわる言葉だけに注目することにしましょう。

編み目がどうできるか（糸をかける方向）、そしてねじるか否か（針を入れる場所）を理解しておくことが極めて重要であることの理由は多々ありますが、第一にこの2つをコントロールできるようにするためです。いちど理解してしまえば、増し目や減目の新たな方法や改善方法を見つけることができます。

この章では、私は編み目をウェスタン式に、編み目の右足が手前になるように針にかけていますが、目のかかり方にかかわらず、編み目のでき方を知っておくと、よりよい方法が見つけやすくなります。

────── 美しい減目 ──────

ルールブックを放り出して、もっと美しく減目ができる方法を探しましょう。しかし、そのように既存のルールを破る前に、ルールをちゃんと理解しておく必要があります。でははじめに……

減目の二大法則について。

法則 その1

針を先に入れた方の目が上に重なる

　K2tog（knit 2 stitches together = 2目を一度に編む）、つまり「左上2目一度」が
その典型的な例です。結果としては右に傾く1目の減目で、針先は左針の**2目め**
に入ってから1目めに入ります。これによって1目めの上に**2目め**が重なり、減
目は右に傾く表情になります。

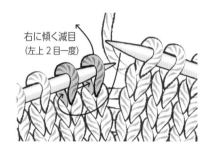
右に傾く減目
（左上2目一度）

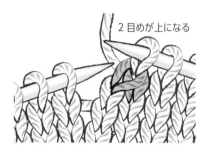
2目めが上になる

　左に傾く減目を編むには編み目の順序を変えるだけ、つまり針先を1目めに入
れてから2目めに入れたのではいけないのでしょうか？　1目めが2目めの上に
なり、左に傾きませんか？

　なぜ「右上2目一度」の場合はSSK（slip, slip, knit）、つまり「1目めに表目を編
むように右針を入れてすべらせ、2目めも同様にし、すべらせた2目のループの
手前に左針を入れて、2目一度に編む」というように、たくさんの手順を踏む方
法を教わるのでしょうか（訳注：日本では「表目を編むように右針に移し、2目めを編
み、移した目を編んだ目にかぶせる」、つまりSKP = slip 1st knitwise, knit 1, pass slipped
stitch over the knit stitch の手順で教わることが多いです）。

ここから法則その2につながります。
この現実をとらえた、
すばらしいニッターのマリナにちなんで、
私は「マリナの法則」と呼んでいます。

法則 その2

針は編み針にかかっているループの"穴"にまっすぐ入れなければならない

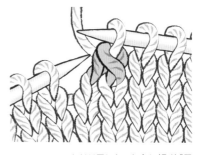

　右上 2 目一度では、そのままの状態で 2 目に針を入れると "穴" にまっすぐ入れることにはなりません。ループの後ろ側（11 ページ参照）に針を入れて編むことになるので、目がねじれます。

ねじり目になった左に傾く減目

　日本人がアメリカで運転するときの話を思い出してください。左側にあるものを、むりやり右側に持っていくと望ましくない状況が生まれます。

編み目をすべらせる

　減目の詳細について話す前に、もうひとつ理解しておくべき法則があります。
すべり目をおこなう状況とその理由についてです。みなさんの認識が一致しているか、ここで確認してみましょう。

編み目の向きは
変わらない

　編み目を「表目を編むように（knitwise）」または「裏目を編むように（purlwise）」すべらす、というときは、編み糸の位置とは無関係で、あくまでも右針先を編み目に入れるときの入れ方です。

「裏目を編むように」すべらすときには、左右の針先を突き合わせるようにして編み目が一方の針からもう片方の針に移動し、編み目の向きは変わりません。例えるなら、編み目が針というモノレールに乗っているような状況です。

編み目の向きが
変わる

「表目を編むように」すべらすときには、左右の針先が同じ方向を指しています。このため一方の針からもう片方の針へ編み目を移すときには編み目の向きが変わります。

SSK（右上2目一度）では、「1
目めを表目を編むように右針を
入れて右針に移し、2目めも同
じように移し、左針を2目の
ループの手前に入れて2目一
度に編む」というように、多く
の手順を踏むなかで、最初の2
目の右足が後ろになるように向
きを変え、針に戻し、2目一度
に編んでいます。法則1と2の
通りです。最初に1目めに針を
入れてこの目が上に重なり、さ
らに針先はまっすぐ "穴" に入
っています。

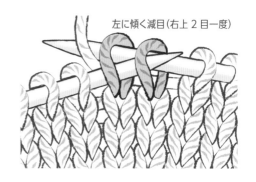
左に傾く減目（右上2目一度）

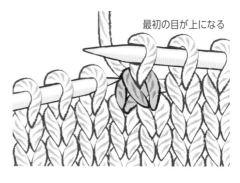
最初の目が上になる

　では、すべらすときに針先を
「表目を編むように」入れるか
「裏目を編むように」入れるか
は、どのように判断するのでし
ょうか。SSK の説明では一般的に「slip, slip, knit（すべって、すべって、編む）」や
「slip two stitches to the right needle and knit them together（最初の2目を右針に
移し、2目一度に編む）」と書かれています。お察しの通り、編み目の編み手順でさ
えも簡略化して書かれることがあるのです！

　編むときの操作を、その理由を理解しないままおこなってしまうと、やっかい
なことになりかねません。私自身 SSK の簡潔な説明を読んで編んだときには、1
目めをすべらせ、2目めもすべらせ、3目めを表編みしました。「これのどこが減
目なの？」となり、別の操作手順を読むとそこには2目を一度に編むことが書か
れていたものの、裏目を編むようにすべらせていたため、「はいはい、これで減
目はできた。だけど、編み目を意味なくすべらせているのではないかな？」と思
いました。その通りだったのです。

　屈辱的な思い出話に「すべり」込みすぎる前に、話を先に進めましょう。

すべり目の普遍的な法則について。

すべり目の普遍的な法則

すべり目は下記の状況以外では裏目を編むように右針を入れてすべらす。

- パターンに「表目を編むように」と明記されている
- ２目以上の減目の操作のなかで「すべらす」場合

　すべらせた目をあとで操作する場合も、すべらせた目をかぶせる場合も、すべて「右足」がカギとなります。

　右上３目一度（SK2P = Slip 1 stitch, knit 2 stitches together, pass slipped stitch over the knit stitch）は、「1目めをすべらせ、次の２目を一度に編み、すべらせておいた目を編んだ目にかぶせる」という手順です。左に傾く２目の減目です。

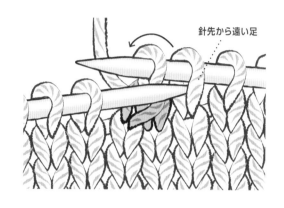

針先から遠い足

　この場合、1目めを「裏目を編むように」すべらせたなら、その目の両足のなかで右針先に近いほうの足（左足）が針の後ろにかかっています。つまり、この目を編んだ目にかぶせようとすれば、右針先から遠いほうの足（右足）をつかんでかぶせることになり、目がねじれることになります。

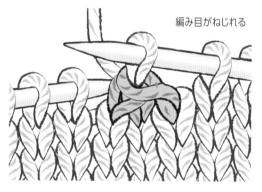

編み目がねじれる

　これで思いどおりに減目をするための条件がほぼ整いました。しかし、パズルのピースがあとひとつ欠けています。編み目同士のつながりです。

　SSK を例に、確認してみましょう。

SSK：大好き、それとも大嫌い？

　左に傾く減目（右上 2 目一度）は、もともと SKP（= Slip 1, knit 1, passed slipped stitch over the knit stitch）、つまり「1 目すべらせ、2 目めを編んで、すべらせた目をかぶせる」方法で編んでいました（訳注：日本の教本で一般的に紹介されている右上 2 目一度の手順です）。そこにバーバラ・ウォーカーさんにより発案された SSK が登場し、ニッティング界はおおいに盛り上がりました。SSK が SKP を大きく改善したことは間違いありません。しかし、それでもまだ K2tog（左上 2 目一度）との表情が完全に一致しないことに、多くのニッターがいら立ちを隠せずにいます。私もそのひとりです。

左上 2 目一度 ……⋮
（K2tog）

⋮…… 右上 2 目一度
（通常の SSK）

　K2tog（左上 2 目一度）はフォン・トラップ一家（映画『サウンド・オブ・ミュージック』）のこどもたちが整列したような、整然とした斜線ができます。一方、SSK（右上 2 目一度）ではまとまりのないギザギザした斜線で、まるでニューヨーカーたちの地下鉄の待ち列のようです。

　いつものように、従来の減目の方法が整然としない理由を確認してみましょう（ここでも「なぜ」を通して「どのように」改善できるか、その方法を探ります）。

　SSK を理解しておくと、ほかの編み目の改善方法にもつながるため、今回は多めに時間を割くことにします。

　SSK のバリエーションにはちょっとした改善につながるものがあります。このような小さな改善は大きな発展への第一歩となりうるため、さらに追究する価値があります。みなさんにも親しんでもらった「糸のかけ方」と「針の入れ方」にかかわります。

バリエーション その1

前段の準備（「糸のかけ方」に関係する）

　このバリエーションでは前段で編み目の準備をしておくので、減目のときに編み目の向きを変えずにすみます。

　糸をかける方向によって針にかかった編み目の向きが決まることは説明しましたね。そこで、減目の前段で SSK の対象となる目を裏目に編むときに、イースタン式（針の下から糸をかける方法、24 ページ参照）にします。次の段では、SSK の 2 目の「右足」がすでに後ろ側にあるため、そのままループの後ろ側に右針を入れて 2 目を一度に編むだけです。

　このように前段で SSK の準備をしておくだけでも効果が出ます。というのは、イースタン式に裏目を編むときに針の下から糸をかけると、ウェスタン式より糸の移動距離がやや短くなります。糸長が短いということは編み目が小さくなります。さらに編み目をすべらせる操作がはぶけます。これでギザギザは緩和されたものの、まだその表情が少し残ります（101 ページの比較画像をご覧ください）。

バリエーション その2

意図的にねじる（「針を入れる場所」に関係する）

　2 つ目のバリエーションでは下の目を意図的にねじることで SSK を平らにします。

　編み目の「左足」に針を入れると編み目がねじれることは説明したとおりです（19 ～ 20 ページ）。SSK の厚みを少なくするためには 1 目めを表目を編むようにすべらせ、そのまま左針に戻し、ループの後ろ側に右針先を入れて 2 目を一度に編みます。こうすることで上の目はねじれることなく、下の目はねじれて、2 目一度の目が少しだけ平らになります。

　これでよくなったように見えますが、まだギザギザした表情は残り、ギザギザがより平らになっただけです（101 ページ）。

　この 2 つのバリエーションでパズルの一部が解消できました。1 つ目の方法で編み目が小さくなり、もう 2 つ目の方法で下の目がねじれて平らになりました。しかし、まだギザギザした表情がぬぐえません。次にご紹介するやり方は私にとって特別な存在です。私の初 UNvention（再発見）であり、2009 年に開催した Patty's Knitting Bag of Tricks クラスのきっかけとなった技（トリック）です。素早く、簡単で、見た目が美しい。すべての願いを叶えてくれます。

ワンムーブ（ひとつの動作で編める）SSK: 私の大好物

　SSK を見直すなかで「アハ！（目からウロコ）」の瞬間がおとずれたのは、伏せ止めの最後にいつも目が大きくなってしまう、そして１段めの最初の目がゆるんでいるように見える、その理由に気づいたときでした。まず、編み目はすべて１本の糸がひとつの編み目から次の編み目につながってできています。ということは、いま編んでいる目は、その前の目にも影響を及ぼすことになります。

　編むときには、針先を入れる目はいつも少し伸びますが、次の目を編むときにその伸びは引き締められます。K2tog（左上２目一度）をするときは２目めが上に重なります。その次の３目めを編むと上に重なった２目めが締まるため、見た目よく、小さく引き締まります。糸の流れは１目めから２目め、３目めへと妨げ<ruby>妨<rt>さまた</rt></ruby>なくつながっています。

　SSK を編むときには１目めが上になり２目めが下になります。３目めを編むと、２目一度の重なった２目のうち下の目が引き締められますが、上の目はゆるく、だらしない見た目のままです。糸の流れ、糸送りが妨害されているからです。

　次の操作では、上の目を引き締めることができ、かつ、SSK をひとつの動作でおこなえるようになります。K2tog（左上２目一度）と同じくらい素早くできて、準備や目をすべらせる必要もありません。

1. まず、次の２目を左針先に進めます。右針先を１目めのループの手前に（表目を編むように）入れ、そのまま針の向きをくるっと回転させて、２目めのループの後ろ側に（ねじり目を編むように）入れます。こうすることで上の目は開き（針が編み目の「穴」にまっすぐ入り）、下の目がねじり目になり、「バリエーションその２」の形ができます。

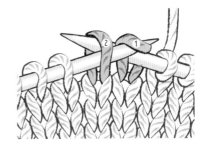

2. ２目めを伸ばすように右針を外側へ動かします。このように伸ばすことで１目めを引き締めます。

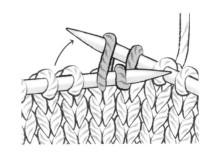

3. 右針に編み糸をかけて、右針を入れた場所から引き出そうすると、小さい三角形ができているので、そのままそこから糸を引き出して 2 目一度を編みます。この動きで上の目が小さくなります。

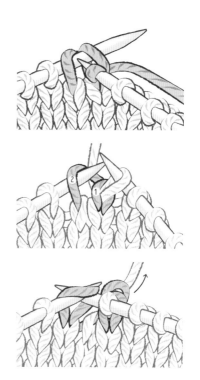

4. 新しくできた目を針からはずし、元の 1 目めもはずすと同時に、元の 2 目めを左針で軽く引っ張ります。こうすることで 2 目の上に重なる 1 目めに残ったゆるみが解消されます。

5. 左針の次の目に針先を入れるときに編み糸を少し引くと、ワンムーブ SSK が引き締まります。

ここまでご紹介した SSK の 4 つのバージョンを比較してみました。

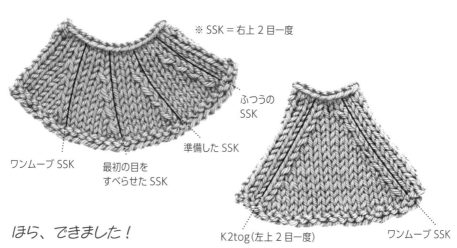

※ SSK＝右上 2 目一度

ふつうの SSK

準備した SSK

ワンムーブ SSK

最初の目をすべらせた SSK

K2tog（左上 2 目一度）

ワンムーブ SSK

ほら、できました！

上に重なる目のゆるみをなくし、きれいに整い、表情が K 2 tog（左上 2 目一度）と一致する SSK（右上 2 目一度）のできあがりです。

SK2P（右上3目一度）：1目の減目を2倍にする！

　左右に傾く2目一度（右上2目一度と左上2目一度）を美しく編む方法を説明しましたので、編み目の構造について学んだ知識を活用して2目の減目（3目一度）の改善方法について考えてみましょう。

　3目を1目に減目し、左に傾く編み目（右上3目一度）にしたい場合、おなじみのSK2P（右上3目一度、つまり1目を右針にすべらせ、次の2目を一度に編み、右針にすべらせた目を編んだ目にかぶせる方法）を思い出します。操作はしやすいですが、この場合もSSKと同じ理由によって、上に重なる目が伸びてしまいます。ここも引き締めて改善してみましょう。

1. 次の目に表目を編むように右針を入れて（この理由はもうわかりますね！）目をすべらせ、次の2目をK2tog（左上2目一度）で編みます。

2. 右針の2目一度した目の後ろ側を見てみましょう。右針からもっとも離れた、いちばん下の裏目の凸を見つけ、そこに左針を手前から後ろに向けて入れます（図の②）。こうすることで2目めを伸ばし、すべらせた目のゆるみが解消されます。

3. 左針に2目め（図の②）がまだかかったままの状態で、針先を手前に回し、2目一度の目の上を通りこして、すべらせた目（図の①）に針を入れ、上からかぶせます。

4. かぶせた目、そして 2 目
一度の 2 目めから、左針
を抜きます。

5. 左針にかかっている次の
目に針を入れ、編み糸を軽
く引いて改善版 SK 2P（右上
3 目一度）を引き締めます。

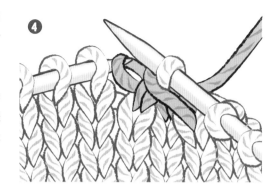

ジャーン！　上の目のゆるみが消えました！

改善した SK 2P　ふつうの SK 2P
（右上 3 目　　（右上 3 目一度）
一度）

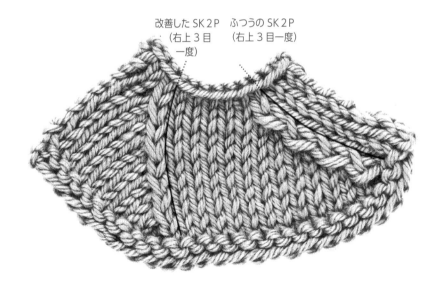

K3tog(左上3目一度)：右に傾く2目の減目

　本書の冒頭でお伝えしたように、この本でご紹介する方法は、編み目の編み上がった見栄えをよくするものや、編み目の本来の手順がどうしても好きになれないために代わりに見出した方法です。そう、K3tog（左上3目一度）、あなたのことです。

　ここでは、私がもっとも好きになれない編み目のひとつ、K3tog を編みやすくします。K3tog は「3目を一度に編む」ということで、「K2tog（左上2目一度）」と同じように編みますが、ただ2目ではなく3目になります。糸が太ければ太いほど、3目を左針先に送り、編み目を損なうことなく編むのが難しくなります。力づくで右針を3目に押し込んで、3目を伸ばした状態で一度に編まなければなりません。それが心地よくありません。

　K3tog（左上3目一度）は左に傾く2目の減目 SK2P（右上3目一度）の鏡像になるべき編み目です。ある日、「最初の目をすべらせ、次の2目を一度に編む、その上にすべらせた目をかぶせる、という右上3目一度の手順を逆におこなう方法はないだろうか？」と自問しました。その答えは「ないはずがないでしょう！2目一度、すべり目、すべらせた目をかぶせる！」。

1. はじめに K2tog（左上2目一度）を編みます。極太の糸でも2目だと、針先に送り2目一度に編むのもずいぶんと編みやすくなります。

2. 編んだ目を左針に戻します。移すときには裏目を編むように、つまり編み目の向きが変わらないように戻します。

104

3. 左針に戻した目の次の目を
右針先で持ち上げ、K 2 tog（左
上 2 目一度）に編んだ目にか
ぶせます。

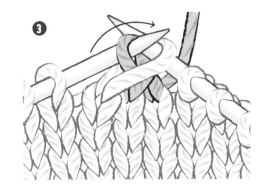

4. あとは完成した新たな
K 3 tog（左上 3 目一度）を左針
から右針に移します（今回も
裏目を編むように）。そして最
後に糸を軽く引いて編み目を
引き締めます。

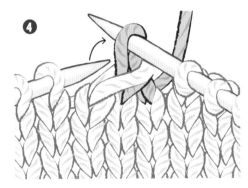

「（目を）かぶせる」にだまされないでください。3 目一度には変わりありません。
ループを持ち上げて別のループにかぶせるということは糸をループから引き出す
ことと同じです。編み目を落としてしまったときのことを思い出してください。
針先に糸をかけてそこに落としたループをかぶせると表編みになります。この応
用で、左針先に編み糸をかけて、必要な数だけループをかぶせることでもこのト
リックを使えます。しかしこれは面倒でもあります（そして、特に右手に糸を持っ
て編む方たちにとっては同じテンションを維持しつづけるのが難しいです）。K 2 tog（左上
2 目一度）に編んでおき、必要な数だけ編み目をかぶせることで K 3 tog（左上 3 目
一度）、K 4 tog（左上 4 目一度）や K 5 tog（左上 5 目一度）にするとラクです。

CDD：中上3目一度

　CDD（center double decrease ＝中上3目一度）は美しい編み目ですが、誤解されている減目でもあります。SK2P（右上3目一度）のように3目を対象とした操作ですが、左右のどちらにも傾きません。2目め、つまり中心の目が1目めと3目めの上に重なります。この減目はレース模様や、セーターのVネックのように襟底の中心の目に装飾的に使用されます。

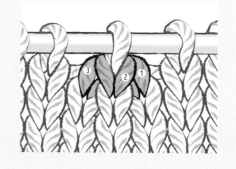

　CDD（中上3目一度）はS2KPと略されることがあり、これはSSK同様、わかりづらくなることがあります。私は、はじめS2KPの「**S2 ＝ slip 2**（2目すべらせ）、**K ＝ knit**（1目表編み）、**P ＝ pass over**（かぶせる）」という手順を目にして、SSKを遠回りして覚えたことを思い出し、「一度だまされたので、ここでは表目を編むようにすべらすことはわかっている」と自分に言い聞かせました。ということで1目ずつ表目を編むようにすべらせたのに中上3目一度にはならず、左に傾く2目の減目（右上3目一度）になりました。ここでもまた操作手順が簡略化されて書かれていたわけです。「すべらせる」の定義が「2目を**同時に**すべらせる（K2tog ＝左上2目一度のように）」だったのです。そして次の目を表目に編み、すべらせた2目を編んだ目にかぶせます。「減目の法則」（針を最初に入れた目が上に重なる）を把握していれば、1目めと3目めの上に2目めを重ねることになるので、これで納得です。

　CDDは美しい減目ですが、指示通りに操作すると欠点が2つあります。すべらせた2目を伸ばさずにかぶせるのが難しいこと。そして厚みが出ること。レース模様の場合はこの厚みで見栄えがよくなることがありますが、Vネックで使用するときなどのように平らにしておきたいことも多いです。

　K3tog（左上3目一度）では、3目を一度に編む代わりに編み目を上からかぶせて同じ効果を得ました。ここではその逆を実践してみましょう！　より簡単に、平らなCDD（中上3目一度）を編む方法をご紹介しましょう。

1. 元の操作手順と同じようにスタートします。K2tog（左上 2 目一度）のように 2 目を一度に右針にすべらせます。これによって編み目の向きが変わるだけでなく 2 目の位置も入れ替わりました。

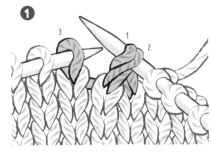

2. すべらせた 2 目のループの手前に左針先を入れ、右針からはずさず、右針先を小刻みに動かしながら 3 目めのループの後ろ側へ入れます。

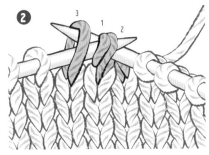

3. この状態で 3 目を一度に編み、糸を軽く引いて新しい改善版 CDD（中上 3 目一度）を引き締めます。

これで完成です！　より簡単に操作でき、厚みが出ません。

　なぜこうなるかわかりますか？　針をどこに入れたか思い出してみてください。ワンムーブ SSK と同じように、2 目一度（図の①と②）が重なる下の目（③）はループの後ろ側に針を入れて表目を編むことで編み目をねじったため、平らになりました。

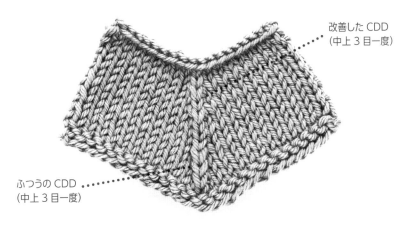

改善した CDD
（中上 3 目一度）

ふつうの CDD
（中上 3 目一度）

3目中央1目の減目 (CSD=Central Single Decrease)

　編み目を左右に傾けずに1目減らしたいことがあります。何年も前のこと、編んでいたレース模様の指示では、ダイヤ型の模様の頂点にK2tog（左上2目一度）を編むようになっていました。でも、どうもその表情が気に入らなかったため色々試してみたところ、2通りのバリエーションを見出しました。ロバート・パウエル氏というすばらしいニッターがすでに同様の考えから3目を2目に減らす方法を考案していたことを当時は知らなかったのです。編み物ではこのように同じことを考える人が他にもいるから好きにならずにはいられないのです。つまり、同じ結果を出すにも方法は1通りではなく、自分に合った方法が選べるのです。

バリエーション その1

中上1目の減目 (3目の中心の目から2目を出す=上が開く減目)

　まずCDD（中上3目一度）をベースにした超シンプルな減目です。2目を1目にかぶせることができるなら、1目を2目にかぶせることはできないだろうか？と思いつきました。

1.　いつものCDD（中上3目一度）とまったく同じように、K2tog（左上2目一度）を編むように2目を一度にすべらせ、次の目を表目に編んでスタートします。

2.　すべらせた2目のうち、先に右針を入れた目（このとき右針先から遠いほうの目）を、あとの2目にかぶせます。

　3目を2目に減らす、小さくまとまった減目です！　細かいことを言えば残った目の1目めはすべらせた目、2目めが編んだ目ですが、そのちがいはわかりません。まるで1目から2目が魔法のように伸び出したように見えます。

バリエーション その2

中下1目の減目

(3目の中心の目をなくす=上が閉じる減目)

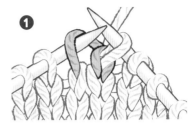

先に見た減目は片側では右に傾く減目、もう片側では左に傾く減目、その中心から編み目が伸び出るように見える減目でした。今回の「中上1目の減目」はその状況を反転させています！

1. まずワンムーブSSKを編みます（100～101ページ参照）。最後にはSSKのいちばん下のループ（最後に引っぱる）が左針先にかかった状態にしておきます。

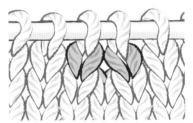

2. 左針先に残したループの後ろ側に右針先を入れて編み目の向きを変えます。

3. その目を裏目を編むように左針に戻します。

4. このループを次の目といっしょに左上2目一度に編みます。

中下1目の
減目
（上が閉じる）

3目が
2目になる

中上1目の
減目
（上が開く）

3目が
2目になる

増し目：美しく増やす

棒針編みの増し目は単純明快ですが、増し目をさらに美しくするためのトリックのひとつや2つくらい隠し持っていてもかまわないでしょう。美しく編む方法をお伝えする前に、増し目の3つの主なカテゴリを確認しておきましょう。増し目の構造を思い浮かべられると、どの方法をいつ使うとよいか判断しやすくなります。

増し目は次のいずれかの方法でおこないます。
- **2目の間で増やす**（かけ目、ねじり増し目）
- **既存の編み目から編み出す**（編み出し増し目）
- **前段の目に編み入れる**（右増し目、左増し目）

2目の間で増やす：かけ目・ねじり増し目

編み目の間で増やす一般的な方法は、かけ目とねじり増し目です。この2通りの増し目の関係を理解することがさらに編みやすく美しくするカギとなります。

かけ目：編み目を「開いて」おきましょう

かけ目（YO）は目を増やすと同時に編み地に「穴（透かし）」をあけます。かけ目はレース模様などの装飾性をともなう増し目として用います。このため、存在感のある増し目です。

> ### かけ目の英文表記に使用する略語について
>
> 米国ではかけ目を yarn over ヤーンオーバーと言い、YO と略します。英国では YRN（yarn around needle）、YON（yarn over needle）、YFRN（yarn forward round needle）、YFWD（yarn forward）など、いくつかのバリエーションを見かけます。これらは増し目の前後の目によって使い分けます。パターンのなかで見慣れない略語が出てきたら用語集を確認しましょう。呼び方にかかわらず、これらの略語はかけ目をするための2通りの手順を表しています。

　前ページのかけ目の 4 つのバージョンを覚えるより、かけ目が次の 2 段階から成り立っていることを認識しておくとよいです。

ステップ①　針の手前から後ろ側へ糸をかける。
ステップ②　次の目に備える位置に糸を移す。

　ステップ①では、なぜ糸を針の手前から後ろにかけるのか、考えてしまうことがあるかもしれません。ここでも編み目のかかり方に関連します。かけ目にも 2 本の足があります。糸を手前から後ろにかけると、かけ目は他の目と同じように右足が手前にかかります。次段でこの目を編むときには右足（＝ループの手前側、針の前にかかる足）に針先を入れて編むため、編み目は開き、装飾的な透かしができます。

右足が手前になったかけ目

　ステップ②では、次の目を編む位置に糸を移動させます。次の目が表目の場合は、手前から後ろへかけ目をした段階で針の約 4 分の 3 を移動しており、すでに次の目を編む位置で待機した状態にあります。しかし、次の目が裏目の場合は、そこから再び糸を針の手前に移して裏目に備えなければなりません。このため糸は針のまわりをぐるりと 360 度移動し、移動距離が長くなります。

　このように、同じかけ目でも糸量が異なるため、多くのニッターが経験したことのある悩みの原因となります。そう、かけ目の大きさがそろわないという悩みです。

表目に備えて糸は後ろに

裏目に備えて糸は手前に

かけ目の大きさをそろえる方法：ポイントは糸の移動距離

裏目の前後のかけ目の大きさが不ぞろいのスワッチです。

裏目の前の
かけ目は
移動距離が長い

表目の前の
かけ目は
移動距離が短い

　糸が針の上を移動する距離を長くまたは短くすることで、かけ目同士をそろえるだけでなく、かけ目の大きさも調整できます。作品によっては小さい透かしになるようにそろえたい場合や、別の作品では大きい透かしになるようにそろえたい場合もあるでしょう。

　糸の移動距離をコントロールするには次の3点を考慮します。

- **始点**：かけ目をするために針先の間から糸を移動させる必要があるか否か
- **方向**：糸をかける方向
- **終点**：次の目に備えて針先の間から糸を移動させる必要があるか否か

　糸の移動距離を変えるための秘密兵器、それが「逆かけ目」です。

　従来のかけ目の糸のかけ方についてはすでに説明したとおり、針の手前から後ろに向けてかけます。逆かけ目の場合は反対方向、つまり針の後ろから手前にかけます。

糸を後ろ側から手前にかける：逆かけ目

「小さいかけ目」にそろえる：裏目の前では逆かけ目

　逆かけ目は、アメリカ式で糸を右手で持って編む場合とフランス式で編む場合とで少しちがう仕上がりになり、どちらの場合も少し糸が足りないような違和感があります。しかし、次段でその目を編むと美しく仕上がるので、心配ご無用です。

右手の指でかけ目を押さえて、
次の裏目を編む

糸を後ろにおいたまま裏目を編むと
自然と糸は針の上にかかる

フランス式

アメリカ式

かけ目を小さくするには、糸が針のまわりを移動する距離を短くします。移動距離を短くするには、**糸の始点と終点を別にする**ことです。

小さいかけ目＝移動距離が短い（始点と終点が別）

1. 表目の前にかけ目をする場合　→　従来のかけ目

かけ目の始点は針の**手前**、終点は針の**後ろ**
- 始点は手前
  （表目を編んだあとであれば、針先の間から糸を後ろから手前に移す）
- 糸を手前から針の上を通り後ろへかける
- これで次の表目を編む準備完了
- ……糸は針の約4分の3周移動したことになる。

2. 裏目の前にかけ目をする場合　→　逆かけ目

かけ目の始点は針の**後ろ**、終点は針の**手前**
- 始点は後ろ
  （裏目を編んだあとであれば、針先の間から糸を手前から後ろに移す）
- 糸を後ろから針の上を通り手前にかける
- これで次の裏目を編む準備完了
- ……糸は針の約4分の3周移動したことになる。

移動距離を短くするには、表目の前には従来のかけ目を、裏目の前には逆かけ目を。

そうすると小さめの大きさのそろったかけ目ができます。

小さいかけ目にそろう

大きなかけ目にそろえる：表目の前では逆かけ目

　かけ目を大きくしたい場合は、糸が針をまわりを移動する距離を長くします。移動距離を長くするには、**糸の始点と終点を同じ**にします。

大きいかけ目＝移動距離が長い（始点と終点が同じ）

1.　表目の前のかけ目　→　逆かけ目

　　かけ目の始点も終点も針の**後ろ**

- 始点は後ろから

　　（裏目を編んだあとであれば、針先の間から糸を手前から後ろに移す）

- 糸を後ろから針の上を通り手前にかける

- 次の表目を編むには針先の間から糸を後ろ側へ移す

……糸は針のまわりを 360 度移動したことになる。

2.　裏目の前のかけ目　→　従来のかけ目

　　かけ目の始点も終点も針の**手前**

- 始点は針の手前（表目を編んだあとであれば、針先の間から糸を手前に移す）

- 糸を針の手前から後ろ側へかける

- 次の裏目を編むには針先の間から糸を手前に移す

……糸は針のまわりを 360 度移動したことになる。

　移動距離を長くするには、表目の前には逆かけ目を、裏目の前には従来の目を。

　そうすると大きく美しくそろったかけ目ができます。

大きいかけ目にそろう

この時点でみなさんは「逆かけ目」についていろいろ思いを巡らしているでしょう。かけ目では右足が針の手前にあるなら、逆かけ目では右足が後ろ側になるのでは？　その場合、次段でその目を「開いた」状態にするにはどう編めばいいの？　そうです——そのためには（みなさんもご一緒に！）「針を"穴"にまっすぐ入れる」。そうすると大丈夫です。

　次段では前段で逆かけ目をしたループの「後ろ側」（11 ページ）に針を入れて表目または裏目を編めば、パーフェクトに大きさがそろったかけ目になります。

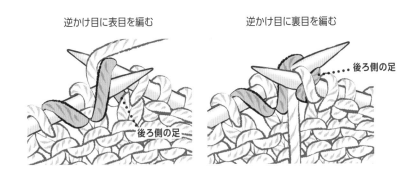

逆かけ目に表目を編む　　　　　逆かけ目に裏目を編む

後ろ側の足

後ろ側の足

　やっかいな裏目に加え、減目の前後のかけ目が不ぞろいになることに気づいているニッターもいるかもしれません。これはニッターのテンションによって生じている可能性があり、例えば、減目の前のかけ目が小さくなる、そして（または）、減目の後のかけ目が大きくなることがあります。これは減目のさいに糸を強く引くことにより、その前のかけ目まで引っぱられてしまうからです。個々のニッターによって状況が異なりますが、自分のかけ目をそろえる必要性に直面したら、いま紹介した方法でそろえてみてください。

カンペキにそろった 「小さい かけ目」 と 「大きい かけ目」 です。

裏目の前に
移動距離の長いかけ目

表目の前に
移動距離の長い逆かけ目

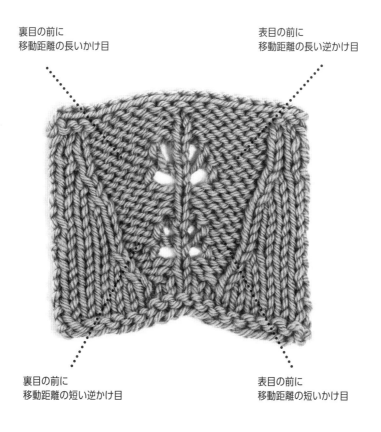

裏目の前に
移動距離の短い逆かけ目

表目の前に
移動距離の短いかけ目

ねじり増し目：ねじって編み目を閉じる

　かけ目はかわいらしい装飾的な効果を加えますが、そのような目立つ透かしを入れたくないこともあります。幸いにも目と目の間で増し目をする方法がもうひとつあります。ねじり増し目です。

　ねじり増し目は既存の2目の間に「穴」（透かし）をあけることなく新しい目を作ります。表目、裏目にかかわらず、2目の間ででき、用途の広い増し目です。さらに、この増し目は糸のねじり方によって左右のバージョンがあり、表目にも裏目にもできます。リブ編みからメリヤス編みに切り替えるときの増し目には、ねじり増し目が効果的です（203ページ）。

　私はねじり増し目をかけ目のねじれた姉妹だと思っています。どちらも2目の間で編み糸を使って目を増やします。そのしくみについて考えるまでは、この2通りの増し目の関連性はすぐにはわからないかもしれません。

　目と目の間に渡る編み糸、つまり渡り糸がありますね。ねじり増し目の場合は渡り糸（前段の目と目の間の編み糸）を持ち上げて針の上にのせます。かけ目ではいま編んでいる段の編み糸を針にのせます。ひとつ大きなちがいは、かけ目の場合は「右足」に針を入れるため編み目は開きます。ねじり増し目の場合には「左足」に針を入れるため、編み目はねじれて閉ざされます。

　右の図は（渡り糸の下に左針を手前から後ろに入れて）渡り糸を左針にのせて持ち上げて、左ねじりの増し目にするところです。見覚えがありませんか？　この状態からループの手前に針を入れて編むと**かけ目**になります。レース編みをしたことのあるニッターであれば、かけ目を忘れたときに、次の裏面の段で渡り糸を持ち上げ、ループの手前に針を入れて裏目を編んで補う術をご存知でしょう。かけ目の「あと付け」です。

ねじり増し目をするために
持ち上げた渡り糸は
かけ目のように見える

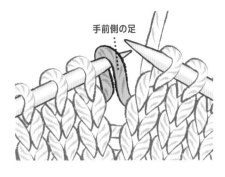

手前側の足

片方はきつく、もう片方はゆるい

　従来のねじり増し目でニッターがよく不満を漏らすのが、ねじり増し目の根元に小さなすき間ができることです。特に伸縮性のないコットンのような素材の糸で編んでいるときに起こりやすいのですが、渡り糸の長さにも関係しています。渡り糸を持ち上げるときにきつく感じることがあります。

　かけ目とねじり増し目との関係を理解しておくと、それらを扱う世界がさらに広がります。エリザベス・ジマーマンさんはよく左右のねじり増し目を**巻き目**の要領で——糸端が下にくる（左ねじり）、あるいは上にくる（右ねじり）よう交差させて、右針にのせて次の目を編む——という方法で作っていました（巻き目については 202 ページ参照）。

左ねじり増し目

　このように、前段から糸を持ち上げるのではなく、針の間に糸を確保しておくと、編み地が引きつることなく増し目を前後の段で重ねることができます。前段から糸を持ち上げる方法ではきつく感じることがある反面、私はこの巻き目による方法では編み目がゆるむように感じます。

右ねじり増し目

左ねじり増し目(M1L)と右ねじり増し目(M1R)の操作を簡単に覚えるためのフレーズ

・Left it out front：「ひだりまえ」
　　渡り糸を front（手前）から持ち上げる＝左ねじり増し目 (M1L)
・Be right back：「みぎうしろ」
　　渡り糸を back（後ろ）から持ち上げる＝右ねじり増し目 (M1R)
・どちらの場合も左針と右針は逆の動きをします。例えば、左針が渡り糸を手前から持ち上げるならば、右針は後ろ側へ針を入れて編みます。
・編み目自体は左右に傾くことはありませんが、渡り糸が左右のいずれかにねじれます。

かけ目をねじる方法：ほどよい加減のねじり増し目

やっと納得する方法を見つけました。かけ目をねじる方法です。編み目の間で編み目を増やすアドバンテージはそのまま残し、同じ段でねじる（その結果、糸量を多く使う）代わりに次段でねじります。

左ねじり増し目（M1L）にするには、従来のかけ目をして（糸を手前から後ろにかける）、次段でその目の後ろ側（バックループ、11ページ）に針を入れて編みます。

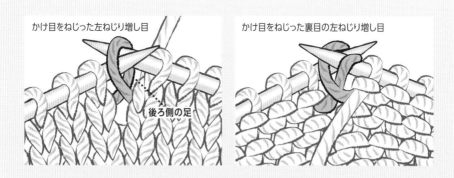

かけ目をねじった左ねじり増し目　　　　　かけ目をねじった裏目の左ねじり増し目

後ろ側の足

右ねじり増し目（M1R）にするには、逆かけ目をして（糸を後ろから手前にかける）、次段でその目の手前（フロントループ、11ページ）に針を入れて編みます。

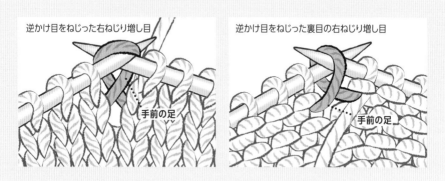

逆かけ目をねじった右ねじり増し目　　　　逆かけ目をねじった裏目の右ねじり増し目

手前の足　　　　　　　　　　　　　　　　手前の足

表面の段でかけ目をして、（次の）裏面の段でねじれば、できあがりです。

従来のねじり増し目と同じ段で増し目を作りたい場合は、（前段の）裏面の段の編み糸を持ち上げる代わりに、裏面の段でかけ目をしておき、次の表面の段でねじります。

ここまで話した、さまざまなバリエーションをまとめたスワッチです。

私は表面でかけ目をして裏面でねじる方法が気に入っています。すべて試してみて、どれが自分にいちばん合うか確認してみてください。

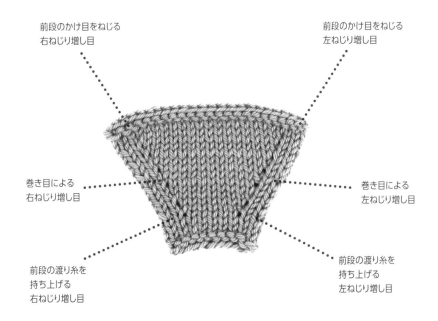

前段のかけ目をねじる
右ねじり増し目

前段のかけ目をねじる
左ねじり増し目

巻き目による
右ねじり増し目

巻き目による
左ねじり増し目

前段の渡り糸を
持ち上げる
右ねじり増し目

前段の渡り糸を
持ち上げる
左ねじり増し目

ちょうど

KFBの増し目: 編み目から編み出す増し目

　用途が広いのに、本来受けるべき愛情を受けていないのが、KFB の編み出し増し目です（KFB：knit front and back loop 編み目のフロントループ＝手前の足と、バックループ＝後ろの足に、表目を編む増し目）。この増し目は、編み目から編み出すため、前段から持ち上げたり、渡り糸を使ったりすることはありません。つま先から編む靴下やトップダウンのラグランセーターなどのように、2 段ごとに増し目を積み重ねるようなときに最適な増し目です（203 ページ参照）。

　KFB の編み出し増し目は、「バー・インクリース (bar increase)」とも呼ばれています。なぜかというと、先に針の手前側にかかった足（フロントループ）を編み、針先を後ろ側に回して、針の後ろ側にかかった足（バックループ）を編むのですが、そのときに編み目の右足が増し目のベースに巻き付き、表目のとなりに裏目を編んだような表情になるからです。この増し目はガーター編みや、かのこ編み、リブ編みなどに適しています。

KFB の編み出し増し目

裏目のような
表情（バー）

後ろの足

手前の足

　TIP：「バー（bar ＝横棒、裏目のような表情）」は必ず元の目の左側にできるため、編み地の端で左右対称に編むには、段のはじまりでは 1 目めでおこない、段の終わりでは最後から 2 目めでおこなうとよいです。こうすると裏目のような表情が左右対称に両端の 1 目内側にできます。

KFS の増し目：増し目のカモフラージュ

素早く簡単に、裏目のような表情を作らずに増し目を編み出したいときがあります。このようなときのために、KFS の編み出し増し目をご紹介します（KFS：knit front, slip ＝表目を編んで、すべり目をする増し目）。

KFS を編むには、KFB とはじまりは同じですが、針の後ろの足（バックループ）は編みません。代わりに、手前側の足（フロントループ）を表目に編んだあと、編み目を左針からはずさず残し、その残したループに右針先を入れて、すべらせます。

編み目が二重になったように見えますが、次段ではそれぞれ独立した編み目として編めます。

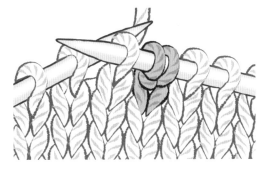

ニッターのなかには KFB の簡易版と呼ぶ人もいます。しかし実際に編んでいるのは編み目の片方の足に対してであり、もう片方の足は持ち上げているだけで次段で編むようになることから、実際にはこれは前段の目を持ち上げる類の増し目です。ということで、増し目の最後のカテゴリにつながります。

前段の目に編み入れる増し目: もっとも目立たない増し目

　増し目の３つめのカテゴリは「前段の目に編み入れる増し目」です。この増し目の方法は、もっとも目立ちにくく、メリヤス編みのように表面がなめらかな編み地でもうまく隠せます。１段の間に均等に目を増やす場合や左右対称に増やす場合にも効果的で、私はセーターのウェストのシェーピングをする際によく使います。まず左増し目（LLI：left lifted increase）について説明しましょう。右針の目の下でおこないます。

左増し目（LLI）

1. いま編んだ目の２段下の目の左足に左針先を後ろから入れます。

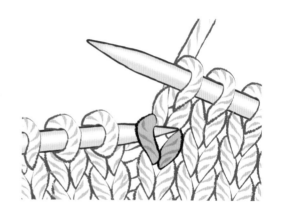

2. 針を入れたループを持ち上げて左針にのせ、針の後ろ側の足（バックループ）に表目を編みます。

後ろ側の足

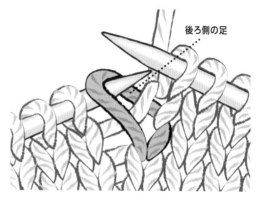

新たにできた編み目は左に傾き、その目の下には「すき間」はありません。

KFS の増し目：前段で準備しておく左増し目

　左増し目のしくみがわかったところで、KFS（123 ページ）と比較してみましょう。この「No bar KFB」（裏目の表情を出さずに KFB を編む、つまり KFS のこと）では、2 つめのループ（＝左針にかけたまま残した足）をすべらせることで、その目の足を持ち上げています。この増し目はその持ち上げた足を（次段の）裏面で裏目に編んで完成します。

　左増し目と KFS を並べて比較してみると、操作する段はちがうものの、同じ編み方になっていることがわかります。左増し目（LLI）は同じ段で持ち上げて編み、KFS は表面の段で持ち上げて次の段で編んでいます。

左増し目（LLI）

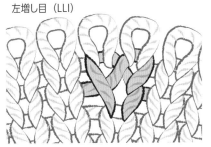

KFS の増し目

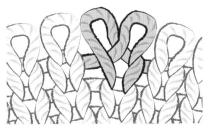

表面の段で持ち上げて完成：
2 段下の表目の足を持ち上げ、
同じ段でそこに表目を編んで完成させる。

表面の段で持ち上げ、次の裏面の段で完成：
前段の裏目の足を持ち上げている。このあと
次段で裏目を編んで完成させることになる。

　1 段で均等に増し目をするとき、従来の左増し目が面倒に感じるなら KFS を気軽に代用できます。

左増し目にこのような方法を使えるならば、
右増し目（RLI）にもできるはずです。

右増し目（RLI = right lifted increase）

　まず従来の右増し目を説明するとともに、従来の左増し目との関連性について見てみましょう。

　左増し目は、（右針にかかっている）編み終えたところの目の**2段下**の目に針を入れて編みます。メリヤス編みの往復編みでは、ちょうど編んだばかりの表面の段の目を3段めとすると、前段（2段め）は「裏面で裏編み」の段になり、増し目を編み入れるのはそのさらに前段の「表面で表編み」の段（1段め）になります。

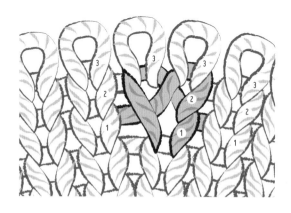

　左増し目は2段下の目に編み入れることを覚えておきましょう。

　右増し目は左増し目と同じ段に編み入れますが、そのように感じられないかもしれません。それは右増し目ではこれから編もうとしている（左針の）目の**1段下**の目に増し目を編み入れるからです。

1. 左針にかかっている次の目の1段下の段の目に、右針先を後ろから前に向けて入れて持ち上げ、左針にのせます。

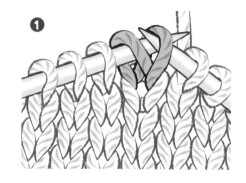

2. 持ち上げたループの手前側（針の手前にかかった足）に表目を編みます。

　先ほどと同じ段の番号を用いると、左針には 2 の段の目がかかっていて、増し目は 1 の段に編み入れていることになり、左針の 2 の段の目を編むと 3 の段の目が右針にかかることになります。

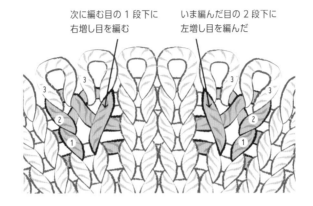

次に編む目の 1 段下に
右増し目を編む

いま編んだ目の 2 段下に
左増し目を編んだ

目立ちにくく、美しい増し目ができました。

右増し目
(RLI)

左増し目
(LLI)

左増し目と右増し目の手順の覚え方

- 左増し目は左針先で編む目を持ち上げる。
- 右増し目は右針先で編む目を持ち上げる。

PFSの増し目：前段で準備しておく右増し目

　PFS（= purl front, slip）の操作を前段でおこなうことで右増し目をすることもできます。KFSのように、針の手前側の足（フロントループ）に裏目を編み、編み目を左針からはずさずに残し、その残したループに右針先に入れ、すべらせます。

針の手前側の足に裏目を編む

残したループを右針にすべらせる

　編み目が二重になったように見えますが、次段ではそれぞれ独立した編み目として編みます。

　先ほど見た「前段で準備しておく左増し目」（KFSの増し目）のように、ここでも最初の段でループを持ち上げておき、次段でそれを編みます。PFSの増し目を表面から見ると右増し目との関連性がわかります。

右増し目

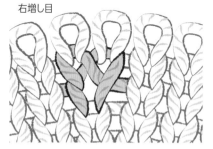

PFSの増し目

表面の段で持ち上げて完成：
前段の目の足を持ち上げ、
同じ段でそこに表目を編んで完成させる。

裏面の段で持ち上げておいて、
次の表面の段で完成：前段の表目の足を持ち上げている。次段で表目を編んで完成させる。

同じ結果に到達する 2 通りの方法を考え出すのは
すばらしいことですが、PFS（前段で準備しておく右増し目）
の実用性はどうでしょう？
両方の増し目を段のはじめにおこなうときに便利です！

　長い段の両端で左右対称になるようペアで増し目をするとき、段のはじめでは増し目をしたものの、1 段が長いために終わりで増やすのを忘れてしまうことがあります。例えば、1 段で約 200 目編むような場合のことです。どういうわけか、段の最初での操作は覚えやすいものです。編みはじめと編み終わりで操作をする代わりに、往復する 2 段の編みはじめで左右対称のシェーピングをするときにPFS を使うことができます。

　例えば、セーターの後ろ身頃を編むとき、両端でシェーピングの操作が発生するとしましょう。段終わりの増し目を記憶しておく代わりに、毎段のはじめで増し目をおこなうことができます。パターンで「8 段ごとに増し目」と書かれている場合は 7 段めの最初に PFS をして段の最後まで編み、8 段めの最初で従来の左増し目をするとその段の増し目は完成したことになります。

　編み目オタクのように、編み目のしくみをくわしく調べることで、いつものテクニックを編みやすく、美しくする方法が見つかります。また、ひとつの編み目を編む方法が何通りも存在することを発見すると楽しいです。ツールの引き出しを増やしておくと、それぞれの場面にふさわしいツールが必ず取り出せます！

ご紹介した増し目や減目を試して、
お気に入りのものを見つけて、
必要なときに引き出しから取り出して使ってみてください。

編み
間違い?

それとも
新しい
編み目を
発見した

第6章 やっかいな問題とひみつの解消方法

正しくではなく、よりよく

こどものころから、自分が「なぜ？」と疑問をもったことに対して、「そういうものだから」だとか「私がそう言ったから」という答えが返ってくると、どうしても納得できませんでした。編み物を教わるときも、最初は言われた通りに編んでいましたが、それは長続きせず、なにかにつけて「なぜ？（WHY）」と理由を探り始めていたものです。時には「その代わりにこうしちゃいけないの？（WHY NOT）」と代わりになる方法まで考えるようになりました。

本章では、「なぜ」と、「その代わりの方法」についても説明します。「そういうものだから」を耳にする以外にも、編み物を始めたばかりのみなさんは「必ず〇〇するように」や「決して〇〇しないように」と告げられます。人生がそうであるように、編み物でも、「必ず〇〇すべき」ことや「決して〇〇してはいけない」ことは非常に限られています。

新しい糸玉に糸継ぎをする：
想像する以上に多くの方法がある！

糸継ぎにかんしては「必ず」守らないといけない2つのルールを教わりましたが、どちらも自分にはあまり役に立たなかったように思います。そのひとつは、「糸継ぎは必ず段のはじめでおこなうこと」、もうひとつは「糸継ぎをするときには必ず2本の糸を結んでおくこと」でした。

どこで糸継ぎをするかは作品によって異なります。スカーフやショールのように、作品の端を表に出す場合は、段の途中でおこない、端をすっきりさせておきたいです。とじはぎする作品であるなら、段のはじめにおこない、とじ代で糸始末ができるようにしておくとよいです。

問題は、段の途中で結び目を作ると、なかなかその結び目を編み地の裏側に固定しておくのが難しいことです。表面に出してしまうこともあり、目障りになります。段のはじめに結び目を作るのであればまだましですが、結び目があることでつい安心してしまうことがあります。

初めてセーターを編んだときのことです。言われた通りに、終わりかけた糸玉に新しい糸玉の糸を結びつけて編みつづけました。セーターが完成し、しばらく着用すると結び目が解けて、とじたところに穴があいてしまったことがあります。この悲しい出来事の教訓は、段のはじめに糸を結んで糸替えをする場合は糸端を長めに残しておくこと。編み上がったら結び目をほどき、糸端同士を交差させ、糸端を始末をします。もしくは、私の大好きな（手抜きの）方法を試してみてください。

段の途中：二重 (ダブル) トラブル

1. 編み終える糸を少なくとも 15 cm 残し、新しい糸玉の糸を長めに右針にかけて（糸端を手前にします）、終える糸端の上に重なるようにします。

2. 新旧の糸端を 2 本取りにして 2 目編みます。これだけです。新しい糸の糸端は後ろ側に垂らし、終える糸端を手から放し、新しい糸で続きを編みます。

　これを聞いて多くの方は、「（2 目だけではなく）4 ～ 6 目は 2 本取りにして編んだほうがよくない？」と思われるかもしれませんが、約束します。2 目で大丈夫です。裏面の戻りの段で 2 本取りの目を編むときは 2 本を 1 目として編み、両方の糸端を軽く引っ張ります。こうしておけばもう大丈夫です。

> **TIP**：もし編んでいる模様が表目と裏目を組み合わせた模様であれば、2 本取りにした目（ダブルジョイン）の頭が裏面に出るように、次段（裏面）で裏目で編まれる目でおこないましょう。

段のはじめ：挟む

　たしかに、段のはじめで新しい糸をつけて編み始めてもかまいません。しかしこの場合、目のゆるみが気になるニッターもいます。ここでご紹介する、ちょっとしたトリックでは、段の編みはじめがすっきりと整うため、ストライプ柄のスカーフやショールに最適です。

1. 新しい糸を、終える糸の下になるように、糸端を右側に出して重ねます。終わりの糸端は、左針の後ろ側でしっかりと押さえておきます。

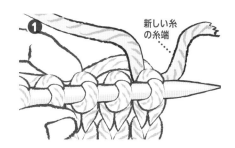

2. 新しい糸で表目を1目編みます。

3. 終わりの糸を押さえたまま、新しい糸の糸端を持ち上げ、新しい糸の糸玉側との2本取りにすると、終わりの糸が間にはさまった状態になります。2本取りにした状態で2目めを編み、終わりの糸を放します。

　次段で裏面を編むときには、この2本取りの目は1目として編みます。

　このテクニックの大きな特典として——ストライプ柄を編んでいて1色目に戻る場合には、1色目の糸を切らずに編み地の端に糸をそわせて連れていくことができます。

これ以降は、いつものように編み続けて糸端を最後に始末すればよいのですが、つぎに見るように、糸端を編み込みながら編み進めることもできます。

端を編み込む：手抜きニッターの親友

　作品が編み上がると拍手をしながら「やったー！　これで糸始末ができる！」とよろこびの声をあげるニッターに出会ったことはありますか？　……ですよね、私も出会ったことはありません。ということで、この方法をご提案します。

　糸端を編み込むことはフェアアイル（横糸渡しの編み込み）で渡り糸を編み包みながら編むことと同じです。そして、そうです、両手を使うしゃれた方法もあります（これはあとで説明することにします）。糸端を編み糸の下から上に絡げながら編む、もっともシンプルな方法から説明しましょう。この方法では編み糸をどちらの手に持っていてもかまいません。

手法 その1

糸端を編み込む：片手使い

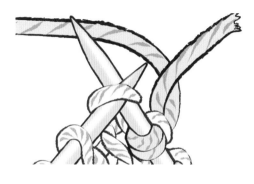

1. 針先を編み目に入れ、糸端を編み糸の下から上に移します。糸端は右側になります。次の目を編みます。糸端は編み糸の上になります。

2. 次の目に針先を入れ、糸端を編み糸の上に移します。糸端は左側になります。次の目を編みます。糸端は編み糸の下になります。

　上記の **1** と **2** を数センチくり返します。

これで糸端を編み込む動作がわかったので、ギアを上げて両手使いでやってみましょう。

手法 その2

糸端を編み込む：アメリカ式

編み糸を右手に、糸端を左手に持ちます。

❶ 糸端

1. 針先を編み目に入れ、糸端を右針先に右から左にかけます。

2. 表編みをするために糸をかけます（編み糸は糸端の下を通る）。編み糸を引き出すと同時に糸端を左針先からはずし、編み糸と交差させます。糸端は編み糸の上になります。

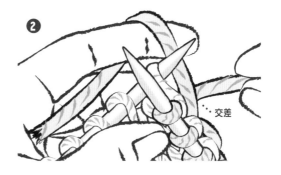

❷

┈ 交差

3. 糸端を動かさずに次の目を編みます。糸端は編み糸の下になります。

上記の **1〜3** を数センチくり返します。

手法 その3
糸端を編み込む：フランス式

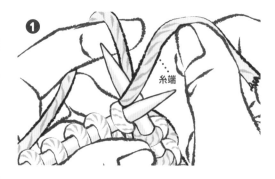

編み糸を左手に、糸端を右手に持ちます。アメリカ式の編み方のように右手で糸端をかけながら編みます。

1. 針先を編み目に入れ、糸端を右針先に下から上に（表目を編むときのように）かけます。

2. 表目を編むように（下から上に）編み糸を右針先にかけます。

3. 糸端を右針先の下に移してはずします。糸端は編み糸の上になります。

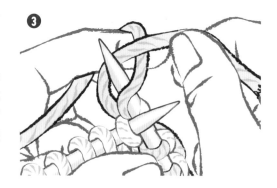

4. 針を入れた目から編み糸を引き出して編み目を完成させます。糸端を動かさずに次の目を編みます。糸端は編み糸の下になります。

　上記の **1〜4** を数センチくり返します。

　糸端を手で動かしても、両手使いで編んでも、どちらも同じ動作です。編みな
がら裏目に糸端を上下に織り込んでいます。糸の引き加減はゆったりとし、1段
編み終わったら、編み地の間から糸端が出てきていないか、表面から確認しまし
ょう。もし出ていれば、編み地を少し引っ張ると、糸端は裏側に引っ込んで見え
なくなります。

糸端を編み込む

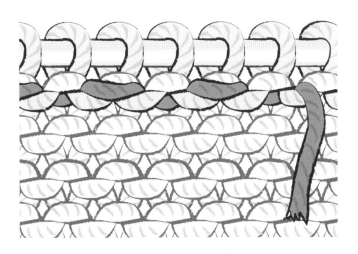

TIP：糸がなくなる前に、1段編むだけの糸量が残
っていることを確認しておきましょう。糸がじ
ゅうぶんに残っている状態で、糸を編み地の幅
にそわせて幅の約4倍分のところで結び目を作
ります。1段編んでみて、結び目までの長さを目
安にして1段に必要な糸量がわかります。

フェルティング・マジック：母さん、見て！　糸端がないよ

　私の大好きな糸替えの方法は、糸始末が発生しません。スピット・スプライス（唾液を使う糸継ぎ）と言います。この手法は、スーパーウォッシュ加工されていない獣毛繊維であれば、なんでも使えます。手のひらに両方の糸端をおいて唾液を少し吐き出し、両手の手のひらで擦り合わせて糸端同士を縮絨させます。唾液を使うことに抵抗がある場合はぬるま湯を使ってもかまいませんが、正直なところ、昔ながらの唾液を使う方法が、もっとも効果的だと思います。

　多くのニッターはこの継ぎ方に親しんでいて、単色であれば段の途中でも、位置を問わずに使えます。しかし、この手法をストライプ柄にも使って、段が始まってすぐに色替えができるのをご存知ですか？　以下のようにおこないます。

1. いま編んでいる色の最後の段の終わりまで編みます。糸端を 2.5cm 程度残して糸を切ります。編み地は返しません。

2. もう片方の空いた針を左手に持ち、残した 2.5cm 程度の糸端を空いた針の針先にそわせていっしょに持ちます。この左針を、右針の編み終えた前段の目に、手前から後ろに向けて通しながら、編み終えた目を 8〜10 目程度ほどいていきます。

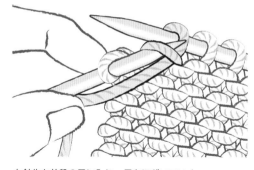

左針先を前段の目に入れ、目をほどいていく

　糸が出てきているところに左針先を入れると、前段の目に入れたことになります。右針からはずしつつ、編み糸を引っ張ると、前段の目がほどけます。

3. 編み終えた色の糸と継ぎ
合わせる新しい色の糸の撚
りをそれぞれ5cm程度ほ
どき、撚り糸数本ずつを切
り落とします。ほつれた部
分の半分のところで色糸同
士を交差させます。

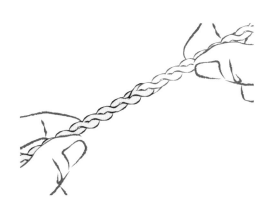

ほどいた
撚り糸数本を
切り落とした
ところ

交差させる

4. ほつれた糸を折り曲げ、
同じ色同士を重ね合わせま
す。撚り糸数本を切り落と
し、2.5cm程度重ねること
で、継ぎ目に厚みが出ない
ようにしています。

5. 折り曲げた部分を湿ら
せ、両端を指ではさんで撚
りをかけます。ある程度合
わさったら継ぎ目を手のひ
らにのせ、魔法の液を加
え、両手で手のひらに熱を
感じるまで擦り合わせま
す。そして継ぎ目の両側を
引っぱり、継ぎ目がとまっ
ていることを確認します。

　継ぎ目が乾いたら、ほどいた部分を編み直し、次段の色替えが魔法のようにで
きているのを確認しましょう。

その1目めを直そう：糸送りが妨害されている

　段のはじめと言えば、最初の目が伸びて大きくなることをみなさんも経験されていると思います。何年も前に、熟練のニッターさんから「それは心配しなくていい」とか「そういうものだから」と言われたことがあります。針にかかっている糸を思いっきり引っぱってみたこともありましたがダメでした。1目めを針先で編んでみましたが、やはりダメでした。1目めを編んだあとに糸を引くことも試してみましたが、前段の目を引き上げてしまうだけで、状況は悪化するだけでした。

　ある日、輪に編んでいたときに閃いたのです。平編みの場合は1目めが問題なのではなく、問題は前段の最後の目でした！　そこで糸の流れ（糸送り）が妨害されていることが原因でした。

　編むという動作には自然と直前の目を引き締める性質があったことを覚えていますか？　ワンムーブSSK（右上2目一度）で触れましたね（100ページ）。平編みの場合、段を編み終えて編み地を返すと、となりには目がありません。次の目はその上で編むため、下の目を引き締めるための動きが必要となります。

フランス式：目を持ち上げる方法

　編み糸を左手に持つと、この動きに違和感がなくなります。

1. いつものように1目めを編みます。右針の編んだ目を指で押さえます。

2. 右針の目を押さえたまま、針を上に持ち上げると、針にかかった目が大きくなり、前段のゆるみが解消されます。

3. 編み糸のかかった左人差し指を外側に引き離すと、今度は右針の1目めのゆるみが解消されます。そのまま段の続きを編みます。

　編んだばかりの目を引っぱることで、ワンムーブSSKと同じ動きをしています。これを毎段続けると端がすっきり整います。

アメリカ式：プーリー方式

　この操作は編み糸を右手に持つ場合に効果的です。

1. 1目めを編み、2目めに針を入れますが、編まないでおきます。

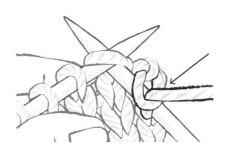

2. 編み糸を引っ張ると、前段の目が魔法のように引き締まるのが見えます！

　針同士が支え合ってプーリーのように作用します。これによって右針上に編み糸を送りながら下の目のゆるみを解消します。

両先針：すじを防ぐ

　おまけです。このトリックは両先針で輪に編むときにできてしまうハシゴ状の「すじ」を防ぎます。この「すじ」の正体は、針を次の針に持ち替えたときに針の間に渡る編み糸です。平編みの最初の大きな目を引き締める要領で、編み糸を引き締めることができます。両先針で編んだことのあるニッターならわかると思いますが、「編み糸によるすじを防ぐには1目めをきつく編む」というアドバイスほど効果のないものはありません。持ち替えた次の針で1目編み、2目めに針を入れた時点、**このタイミングで**糸を引くのです。平編みで前段のゆるみが解消されるのと同じように、「すじ」はなくなります。

輪編みと言えば……

輪編み：まわれ、まわれ

　輪に編むことは色々な作品を編むのに使えるすばらしい方法ですが、時には四角いくいを丸い穴に入れようとしているような感覚におちいることがあります。輪編みを快適に編むためのお気に入りのトリックをいくつかご紹介しましょう。

スワッチ編み：手抜きの方法

　輪に編む作品を編む場合はスワッチも輪に編む必要があります。いつも問題児の裏目、この裏目が犯人です。メリヤス編みを平編みする場合は表編みで1段、裏編みで1段、これを交互に編みます。メリヤス編みを輪に編むときには表編みを編むだけです。表編みと裏編みの手加減が変わる大勢のニッターにとって、輪編みのゲージと平編みのゲージとはちがうことになります。

　エリザベス・ジマーマンさんのことは崇拝していますが、輪編みのスワッチは何枚編んでも「帽子にすればいいのよ」というアイデアはどうも私には響きません。なぜって帽子はそういくつも必要なものではありませんから。

　私はスピード・スワッチ、つまり輪針で裏編みをせずに平編みを編む方法のほうが好きです。スピード・スワッチは表面の段だけ編むことで輪編みと同じ状況を作ります。1段編み終わって編み地を返す代わりに、輪針の反対側に編み地をスライドして後ろ側に糸を余分に垂らした状態で表面の段をもう一段編みます。

　従来のスピード・スワッチでは端の目がゆるんでしまうため、このゆるみが両端に影響しないように多めに作り目をして真ん中でゲージを取るようにします。今回ご紹介するバージョンはもっと簡単に、かつきれいに編めます。

　まずスワッチにじゅうぶんな目数の作り目をして、1段表編みします。

1. 輪針の反対側へ編み地をスライドします。編み糸はスワッチの左端につながった状態です。

2. 編み地の幅の5倍の長さの編み糸を出しておきます。この長さは1段編むのに必要な長さに余裕をもたせた長さです。

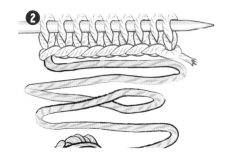

3. **2** で測った糸の終わりのところを持ち、余らせた糸をスワッチの後ろ側に垂らしておきます。この部分を左針先にあてて持つと編み地の後ろ側には大きなループができます。このループではまだ編みません。

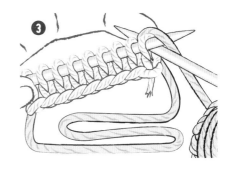

4. ループを左針の後ろ側にあてた状態で、糸は糸玉側の糸を使って最初の 2 目をねじり目にして編みます。最後の 2 目まではパターン通りに編み、最後の 2 目もねじり目にして端を整えます。最後に編んだ目は編み地の後ろ側に余らせた大きなループとつながっているため、ゆるく感じるはずです。ループを少し引いて最後の目を引き締めます。

5. ここで編み地を輪針の反対側へスライドさせます。そして次段は編み地の後ろに余らせておいた糸で編みます。

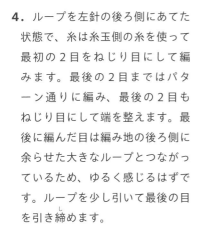

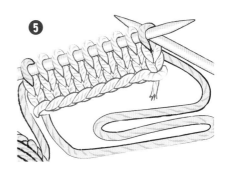

　上記の手順 **1** ～ **5** をくり返します。最初と最後の 2 目をねじり目にして編み、糸を 1 段ごとに糸玉側の糸と余らせた糸のループとを交互に持ち替えながら編むときれいに整ったスワッチが編めます。2 段ごとにスワッチの左側に小さなループができます。魔法のように、毎段表編みをしながらメリヤス編みの平らな編み地ができます。

輪に編む：あの「スリンキー」の段差をなめらかに

　輪編みは厳密にいうと螺旋状に編んでいます。1段編み終えたところで最後の目を最初の目につなげているわけではなく、その上の目を編んでいます。輪につなげるときに微妙に段差ができます。そう、あのスリンキーの端のように（スリンキー、覚えていますか？　玩具としてはすばらしい商品です。ググってみてください）。つなぎ目で「みぞ」ができてしまうというニッターも少なくありません。今回ご紹介する方法ではこのどちらも解消できます。

1. 作り目のときに、パターンで求められている数より1目多く作ります。作り目の1目めを左針から右針に移し、段の境目を示すマーカーを入れます。編み糸は右針先の2目めにつながっている状態です。

2. 左針の1目めを編むことで輪につなげます（この目は作り目をした2目めになります）。右針に移した目は編んでいないため、その後ろには糸が渡ります。

3. そのままパターン通りに、段の境目のマーカーの2目手前まで編み、この2目を2目一度に編みます。

じゃーん！　段差が解消され、継ぎ目はほとんどわかりません。

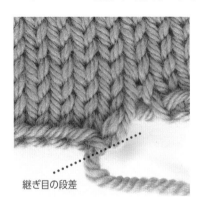

継ぎ目の段差

ジョグレス（段差のない）ジョイン

悲しみのストライプから喜びのストライプへ

　ストライプ柄ほど輪編みの螺旋状の構造が顕著に表れることはありません。しかし恐れる必要はなく、ストライプ柄の段差を解消する方法はいくつかあります。どの方法を用いるかは編み目やストライプの段数によって決まります。

解消法 その1
裏編みで1周編むとき：手間要らずの解消法

　裏編みを1段編むことで2種類の模様編みを仕切ったり、ストライプ柄にアクセントを加えたりすることがあります。第1章で学んだことを思い出してください。裏目を編むと、1段下の編み目の頭（そしてここでは色）が編み地の表面に表れます。ということは、色替えをした最初の段を裏編みすると1色で2色が得られ一挙両得です。見映えがしてよいのですが、ただし次段を表編みすると、裏目同士がつながらなくなり、段差ができます。

青のストライプ
（メリヤス編み）
の編みはじめに
段差ができる

白のストライプ
（裏編み）の
編みはじめに
段差ができる

　この段差の始まりを解消するには、1目めを編まないことです。目の錯覚を利用します。1段裏編みをしたあと、段の境目のマーカーを右針に移し、1目めを裏目を編むように右針にすべらせ、あとはそのまま編み続ける。それだけです！聞き覚えがありますか？　そうです、輪編みをするときに編みはじめと編み終わりをつなげるジョグレス・ジョイン（前ページで見た継ぎ目の段差解消法）とまったく同じです。
　この些細な動きで裏編みの1目めをとばして、次の段までその目を編まない状態を作ります。つまり次段では1段下の目を編むことになります。

全体がメリヤス編みの場合には、
さらによい方法でこれを実現できます。

解消法 その2
メリヤス編み2段のストライプ柄：深く掘り下げる！

　メリヤス編みが2段以上の場合、前段の目を編むことで段差を解消することができます。このすばらしい方法はメグ・スワンセンさんが「再発見」したものです。前ページの写真では、白と青のストライプの編みはじめに同様の段差が見られます。

　2段のストライプ柄の場合には、糸を縦に渡しながら編むことで編み地が引きつれるのを防ぐために、段の境目のマーカーをストライプごとに1目ずつ、以下のように移動させます。

　色替えをした新しい色で1段表編みします。

1. 段の終わりにきたら、マーカーをはずし、前の色の目を持ち上げ、ここに右針先を後ろから手前に入れ、左針先にのせます。

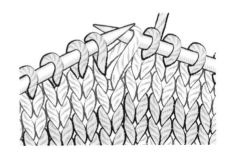

2. 段のはじめの目と前段から持ち上げた目を2目一度のように編みます。

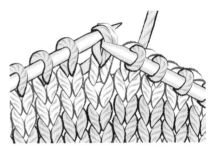

　そして段の境目のマーカーを付け直します。マーカーを1目移動させたことになります。あとはそのまま段の最後まで編みます（新しい色の2段め）。

　あとはこのまま新しい色で編み続けることもできれば、また別の色に替えることもできます。色替えをするたびに、手順の **1** と **2** をくり返すと、段差のない美しいストライプが編めます。

　白の裏編みと青のメリヤス編みの編みはじめの段差がきれいに解消されました。

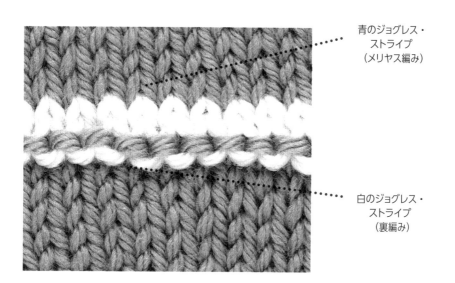

青のジョグレス・
ストライプ
（メリヤス編み）

白のジョグレス・
ストライプ
（裏編み）

TIP：色替えをした 2 段めで前段の目を編むだけです。ストライプを 3 段以上編む場合、追加の段は通常通りに編みます。次のストライプに切り替える前に、色替え前の糸の編み目の大きさを調整し、次の出番に備えておきましょう。

1段のストライプ：その輪をつなぐ

作品の全体を通して2色または3色を1段ずつ入れ替えながら編むときに使う特別なテクニックがあります。地色のなかに1段のストライプを数カ所編み入れるときはどうすればよいでしょう？

色替えのときに1段のストライプの下の段を編むこともできますが、2段のストライプの場合よりは段差が少し残ります。糸が太ければ太いほど段差は目立ちます。それでも色替えのたびに前の色の目をすべらせる方法もとれますが、ストライプを数本編む場合には段の境目のマーカーが毎段移動することになります。こうなるとシェーピングにも影響します。それに裏面で糸が渡ることから厚みが生まれます。

次のちょっとした「再発見」により、どのストライプも段差ができず、糸を渡すことも、マーカーを移すこともなく、完全な輪につながります。まるで、すでにできた輪を、編み地の真ん中にはめ込んだようです。

1. 前の色の目を数目、片方の針からもう片方へ移し、段の境目のマーカーとの間隔をあけます。

2. そこに、糸端を長めに残して新しい糸を付け、ぐるっと1段編みます。この糸の糸端は編み込まずにおきます（原注：新しい色の糸で1段編み終わる位置は、前の色の糸端とはちがう位置になります）。

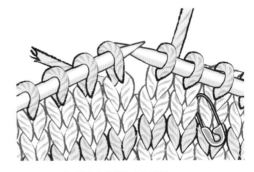

マーカーからずらした位置に糸を付け、
新しい色で1段編んだところ

3. 新しい色の 1 目めに表目を
編むように右針を入れて右針
に移します。これで編み目の
方向が変わりました。

4. すべらせた目の前段の目
に、左針先を後ろから手前に
入れます。

5. 編み糸を糸端の下で交差さ
せ、前段の目にイースタン式
に（糸を下からではなく上から
かけて）表目を編みます。

　こうすることで、イースタ
ン式に向きを変えた「二重の
目」ができます。

　次のストライプを編むとき
にこの目に差しかかったら、
ループの後ろ側に（11 ページ）
針を入れて、（表目のねじり目
の 2 目一度のように）二重の目
を 1 目として編みます。

6. 次のストライプに差しかか
ったら、新しい場所に糸をつ
けるため、数目をスライドさ
せます。手順の **2 ～ 6** をくり
返します。前の「二重の目」
を編むときはねじり目のよう
に針を後ろ側に入れて 2 目
一度のように編み、糸端を軽
く引きながら編みます。

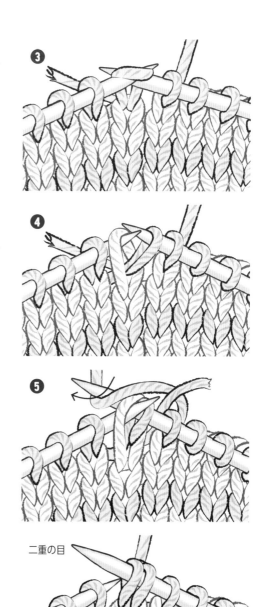

二重の目

1段のストライプを1本または何本か編み終えたら、地色を休ませている位置を変えずに残しているマーカーまで編み目を移して、段のはじめの位置を元に戻します。

　地色の糸を持ち上げて次の段を編み始めます。もちろん、地色の2段めを編むときには、段差ができないように1目めは前段に編み入れます（前述の2段以上のストライプに対応する方法を用います）。

編み目をすべらせたり、糸を渡したり、
マーカーを移したりせずに、
完全な「輪」を地色の真ん中に編み入れることができました！

完全な輪（白のストライプ）　　　　　　　　当初の段の境目（青）

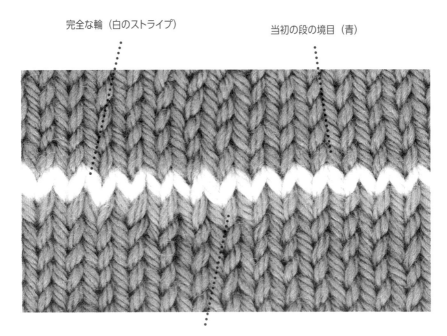

完全な輪（ピンクのストライプ）

輪編みの引き返し編みについて：
触れたがらない話題

　引き返し編みについて話してもよろしいですか？　これはみなさんのためです。輪に編みながら引き返し編みをしたことがない、という方にはこの節の内容はあまり響かないかもしれません。しかし、初めて輪に編みながら引き返し編みをしてみたときに必ずここを読み直したくなることでしょう。ジャーマン・ショートロウ（ドイツ式の引き返し編み）やラップ・アンド・ターンの引き返し編みを輪編みで編んだことのある方は、いままで誤った内容を伝えられていたことに気づきます。引き返し編みは編み地を形成するための驚異的な方法ですが、輪に編んだ場合はとても美しいとは言えません。

　引き返し編み（英語ではショートロウ）は、その言葉の通りです。段を最後まで編み切らずに途中で引き返して1段を短く編むことを指します。そして引き返す位置で穴ができないような技法を用います。ここではジャーマン・ショートロウとラップ・アンド・ターンの手法を元に説明を進めます。輪編みの場合でも引き返し編みをしている間は編み地を返しながら往復に編み、引き返し編みが終わると輪編みに戻ります。そして、そこで問題が発生するのです。

　ここで扱う2通りの引き返し編みの技法のしくみは異なりますが、主要な共通点があります。最後のラップ（ラップ・アンド・ターンで編み目に巻きつけた糸）またはダブルステッチ（ジャーマン・ショートロウで2目のように見えるダブルステッチ）は裏面でおこないます。通常の（平編みの）場合は同じ裏面で次にその目を編むときに段消しをするのですが、ここでは輪に編むため表面に返して編んでいきますから、ラップの目を拾ったり、ダブルステッチを1目として編む「段消し」の操作を、表面でおこなうことになります。

　どういうわけか、パターンのなかでは、表面での段消しの指示が、裏面で引き返した目にも適用できるかのような記述をしていることがありますが、それはできません。これはみなさんが悪いのではありません！　大きなウソです。すき間や穴が開いてしまいます。

　どこが問題なのかを理解するには、それぞれの引き返し編みの技法が、編んだ目と編んでいない目をどうつなげているかを明確にし、つなげるための操作を、編み地を返す前におこなっているのか、それとも後なのかを確認しましょう。ジャーマン・ショートロウやラップ・アンド・ターンが初めてという方は基本操作を巻末の「基本テクニック」で確認してください。

ラップ・アンド・ターン：ギャップ（段差）を解消する

　ラップ・アンド・ターン式の引き返し編み（以下、W&T）では、引き返す位置で次の目を編まずにラップして（編み糸を巻き付けて）から編み地を返します。

　平編みの場合は、表編みの面でラップした目は表編みの面で段消しをします。段消しはラップの下から上に向けて針を入れてからラップを巻かれた目に針先を入れます。そしてこれらをいっしょに編むとすっきり整います。

　しかし、引き返し編みを往復に編み輪編みに戻すと、最後に裏面でラップした目が残ります。本来は編み地を返して裏面で段消しをするはずが、表面の段でそのまま表面を編み続けるため、そこで問題が発生するのです。最後のラップは裏面でつけたので逆の方向を向いていることになります。

段差と伸びた目があるのがわかりますね？

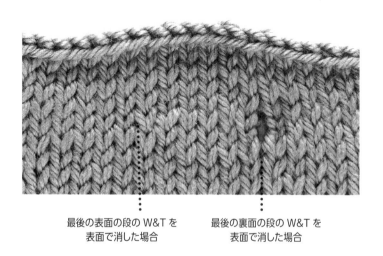

最後の表面の段の W&T を　　　　最後の裏面の段の W&T を
表面で消した場合　　　　　　　　表面で消した場合

逆の方向を向いているのであれば段消しも逆向きにおこなえばよいのでは？
表面のラップは K 2 tog（左上 2 目一度）の要領で解消したので、SSK（右上 2 目一度）がこの状況を救ってくれるはずです！

1. ラップを編み目の
上に持ち上げて左側
へ移します。

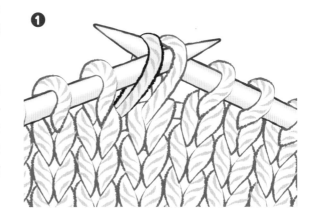

2. ラップと次の目と
で SSK（右上 2 目一
度）に編みます。こ
のとき 1 目めだけに
表目を編むように右
針を入れます。

段差がなくなりました！

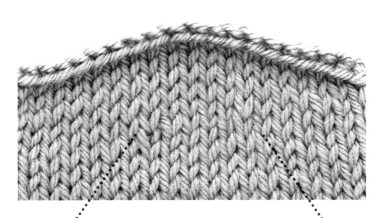

最後の表面の段の W&T を
表面で消した場合

最後の裏面の段の W&T を表面で
（SSKの要領で）消した場合

ジャーマン・ショートロウ：もう穴はあかない

　ジャーマン・ショートロウ（以下、GSR）では、先に編み地を返し、最後に編んだ目をダブルステッチにして、それを編むことで引き返した位置がつながります。ここの段消しの操作は簡単です。表編みの面で作ったダブルステッチ（以下 DS）は、2目一度のように編んで解消します。裏編みの面で DS を操作した場合は裏目の2目一度のようにします。

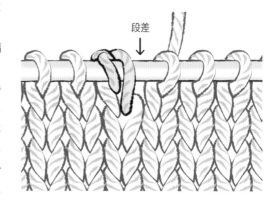

段差

　しかし、GSR の引き返し編みのあとで輪編みに戻したときには段差どころか穴があいてしまいます。W&T と同じように、往復編みから輪編みに戻すと、裏面で最後に操作した DS が残っており、2目一度の要領で DS を解消することになっています。しかしここでは段差が DS の**手前に**できているので、DS を2目一度のように編んでも段差は解消できません。

　DS の操作をして表目の2目一度をしただけでは段差は残り、次の段でその上を編むと穴があきます。

引き返し編み
の最後の
表面の段の
DS を
表面で段消し
した場合

引き返し編み
の最後の
裏面の段の
DS を
表面で段消し
した場合

その段差を解消する必要がありま
す。DS の 1 目手前まで編みます。

1. DS の 1 目手前の目に表目を編むよ
　うに右針を入れて、すべらせます。

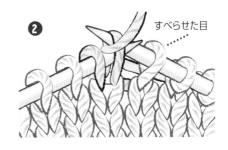

すべらせた目

2. DS を左針先に送り、DS の最初のル
　ープの後ろ側に針を入れます。針を
　入れにくいことがあるので、その場
　合は DS の後ろ側を下に引き、足が
　見えるようにします。表目を編むよ
　うに糸をかけ、引き出します。

3. DS の 2 本目は左針に残したまま、
　いま編んだ目を左針からはずします。

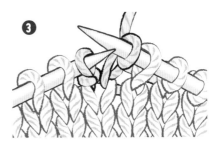

4. 1 ですべらせた目を 2 で編んだ目
　（DS の 1 本目の足）にかぶせ、編み糸
　を少し引きます。

5. DS の 2 本目のループの後ろ側に
　針を入れて表目に編みます。

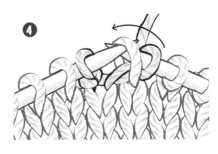

はい、これでできあがり！　穴が埋まりました。

引き返し編みの
最後の表面の段の DS を
表面で段消しした場合

引き返し編みの
最後の裏面の段の
DS を表面で
段消しした場合

輪の編み終わり：
あのスリンキー（段差）をすべらかに整える

　編み目を伏せ終わり、これで終わりだ！と思った瞬間、次のような状況が目に入ります。

伏せ止めしたあとの段差

　螺旋状に編んでいるため、あの恐ろしいスリンキー現象が作り目側だけでなく止め側でも発生します。最初に止めた目と最後に止めた目との間に1段の段差ができます。作り目と同様に段の最後の目を最初の目につなげる必要があります。
　ここで、またすべり目の登場です。以下、伏せはじめから始めます。

1. 段の境目のマーカーをはずし、段の最初の目に裏目を編むように右針を入れて、左針から右針に移します。こうすることで、この目がいちばん最後に止める目となります。編み糸は右針先から数えて2目めにつながっています。

2. 左針の最初の2目を編み、1目めを2目めにかぶせます。最初に右針に移した編んでいない目の後ろには糸が渡ります。作り目のときと同じ状況です。

3. 最後の目（実際には段の最初の目で右針に移した目）を伏せると、段の最後の目と最初の目をつなげたことになります。糸を切り、針で糸を引き上げて、糸端を編み終わった最後の目から引き出します。

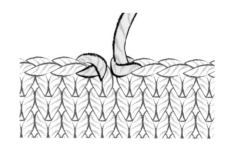

　これで輪を完全に閉じることができたので、伏せ止めの鎖状の編み目をつなげましょう。鎖状の目はV字型の目が横になり重なった状態になっていて、単純にあと 1 目作ればよいわけで、糸端が活躍してくれます。

1. 糸端をとじ針に通し、その針先をいちばんはじめに伏せた目の足の下に通します。

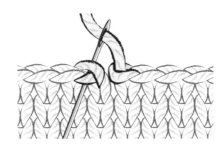

2. そして針先をV字の中心に戻して最後の目ができます。これで最初と最後の伏せ目がつながりました。

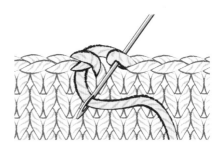

魔法のように鎖状の目がつながりました。
「スリンキー、さようなら！」

段の最後の伏せ目

リブ編み：いつも快適に編めるとは限らない───

輪編みと同様に、リブ編み（ゴム編み）にも危険がともなうことがあります。「段差」から「めくれ」まで。すべて修正してリブ編みをよろこびに変えましょう。

表目の謎のゆるみ：段差に気をつけて

幅の広いリブ編みやケーブル（交差をともなったリブ編み）では、表目の縦列の最後の目が伸びてだらしなく見えます。さらによく見ると表目と裏目の間に段差ができています。裏目と表目の間にはできていないのに。次の写真を見れば、表目3目と裏目2目のリブ編みで表目の3目めが最初の2目より大きいことがわかります。

3目めが大きい　　　　段差

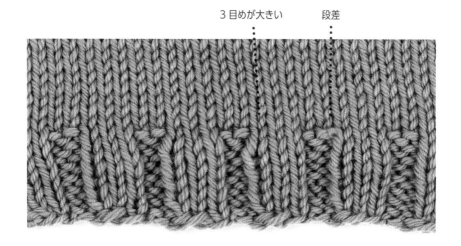

これは「（原因は）あなたではなく、編み目のせい！」の典型的な例です。裏目──それはニッターの悩みのタネで、すてきに編めない要因なのです。

SSK（右上2目一度）をきれいに編むために、糸の流れ（糸送り）について説明しました（100ページ）。編むという動作では、編み目同士がつながっているため前の目が自然と引き締められます。しかしこのつながりはまた、ゆるんだ目の「ゆるみ」が前の目に波及する事態をもたらすことがあり、そしてウェスタン式の裏目は表目より糸を少しだけ多く使用します。これに、編み始める前の糸の移動距離が長くなる状況が重なると、やっかいなことになります。

　表目を編むときには、糸は後ろ側からスタートして針の下をくぐり表目になります。糸が針のまわりを移動する距離が短いだけでなく、出発するまでの道のりも長くありません。例えるなら、旅行中の飛行機の飛行時間が短いだけでなく、出発する空港も近所にあるようなもの。

　しかし表目の次に裏目を編むときには、糸を後ろから手前に移さなければならないだけでなく、糸は針の上を越えて長い距離を移動しなければなりません。大陸横断するだけでなく、シャトルバスではるばる空港まで行かないといけないのです！

　糸を手前に移さなければならないことは仕方ないことですが、イースタン式とコンビネーション式の要素を取り入れることで、針のまわりを移動する距離を縮めることはできます。

針の上を通ると移動距離が長い

針の下を通ると移動距離が短い

　表目が何段も縦に続く目のあとに裏目を編むときには、糸を（上からではなく）**下から**針にかけるようにします。この裏目の編み方は、フランス式のニッターからすると、糸を針の下にして後ろ側へ押し出すだけなので「lazy purl（レイジーパール：めんどくさがり屋の裏目）」と呼びます。この場合、糸の移動距離は表目のときと同じになります。

　目と目の間の渡り糸は短く引き締まった状態になるため、直前に編んだ表目に糸のゆるみが伝わるようなことがありません。

これで次の段ではどうなるかわかりますね？　糸をかけた方向によって針にのった編み目の向きが決まるため、この目を編むときには、針にかかっている目の後ろ側に針を入れて編みます。前にも気の利いた言葉で言いましたね、要は「針をまっすぐ"穴"に入れる」（20ページ）ことです。

これですっきりと整ったリブ編みができます。

段差がない　　　　　　　　　　　　表目の大きさがそろう

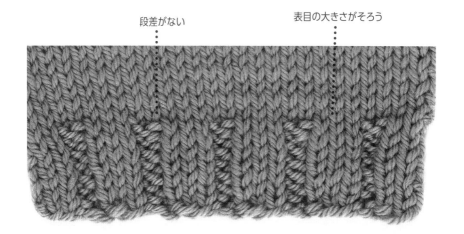

TIP：リブ編みやケーブル模様の表目の大きさをきれいに整えたいときには、いつでもこの方法を使ってください。

ストライプ柄のリブ編み：色の切り替わりをくっきりと

　ストライプ柄をリブ編みにすると、表編みの部分は色がくっきりと切り替わる一方、裏編みの部分には前段の色が現れます。この理由はもうわかりますね。裏目を編むときには前段の編み目の「頭」が表面に出るからです。装飾的な効果を出すためにストライプ柄の裏編みを活用することはありますが、これを望まない場合もあります。

　これを修正する方法はあまりにも簡単なので、その効果を疑ってしまうほどです。しかも誰にも気づかれずに直せます。よろしいですか？　「リブ編みで色替えをするときにはリブ編みにしません」……**何ですって？**　そう、新しい色を表面で編むときは、表編みで1段編んでからリブ編みに戻ります。これは言わないかぎり、誰も気づきませんよ！

リブ編みの縁編み：「めくれ」を直す

　裾のリブ編みからメリヤス編みに切り替えるときの表情がずっと好きになれませんでした。糸やパターンによっては奇妙なふくらみができ、カーディガンの場合はリブ編みがめくれるようなこともありました。これはどうしてでしょう？

　ここパティランドでは、何かの現象が起こると、それを修正する方法を探ります。

　リブ編みの場合、メリヤス編みより糸の移動距離が長く、このため使用する糸量が多くなることはわかります。パターンではリブ編みの裾には細めの針を使用する、もしくはリブ編みを少ない目数で編み、メリヤス編みに切り替える前に増し目をして編み地の広がりを抑えているというのも納得です。広がりにかんしてはこれで直りますが、めくれは直りません。

　第1章で裏目の性質について学びました（15ページで仲間がビーチで寝そべっている様子を思い出してください）。裏目を縦に重ねると（リブ編みのように）後退し、横方向に並んだ場合は（ガーター編みのように）突出します。リブ編みからメリヤス編みに切り替えるとき、リブ編みの最後の段の裏目は次の縦に重なる裏目がなく後退しないので突出します。それで切り替え部分でリブ編みが突き出てしまいます。このことは、プルオーバーのリブ編みが身体にそって伸びたときには「ふくらみ」ができ、開きのあるカーディガンではめくれることにつながります。

切り替え部分でふくらむ　　　　　　　切り替え部分でふくらむ

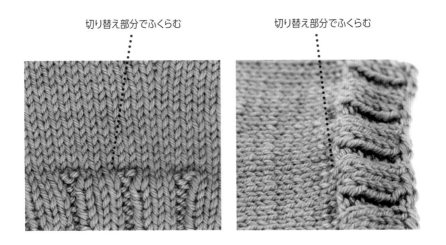

　切り替え部分をなめらかに落ち着かせるには、「すべり目」を取り入れることで編み目を伸ばします。裏目を編むように右針を入れて移す、そのすべり目です。これをリブ編みの最後の裏面の段でおこないます。

平編みの場合

　裏面の段の最初と最後の目は編み、それ以外の裏目は、編まずに糸を手前にして右針に移します。こうすることで渡り糸はすべて編み地の裏面に渡ります。すべらせた目の手前で、糸がゆるまないように編み目の幅にぴったり合わせるように糸を渡し、針先の間から後ろへ移して次の表目を編みます。

輪編みの場合

　表目では、糸を後ろにして編み目を編まずに右針に移します。すべらせた目の後ろ側にぴったりそうように糸を渡し、針先の間から手前に移して裏目を編みます。

　このテクニックはすべらせた目の裏面で糸を引き気味に渡すと効果的です。おまけ：伸縮性にとぼしい戻りの悪い糸を使用する場合、裏面の渡り糸はリブ編みが横に広がり型崩れしないように支える「ガードル」のような役割を果たします。

[裏面] 糸は手前、裏目をすべらせる

[表面] 糸は後ろ、表目をすべらせる

渡り糸は裏面を通る

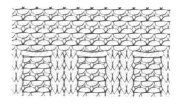

シンプルなすべり目がふくらみをなくし、めくれ防止になります。

すべり目のおかげで切り替えがスムーズに

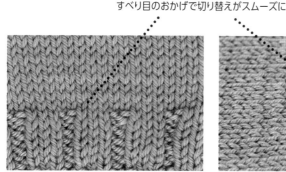

セーター編みに役立つスキル

　自分の習得したスキルを自分で編むセーターに応用できるようになることほど素敵なことはありません。くり返しますが、パターンは、基本的な編み方を教えてくれます。だからといって白分で見出した方法などを取り入れてはいけないということではありません。私のお気に入りのものをいくつかご紹介しましょう。

肩下がりにおすすめ：スロープ状の伏せ止め

　一般的なセーターのパターンでは何段かにわたって肩の目を伏せることで肩下がりをつけます（訳注：日本では伏せ止めの代わりに引き返し編みで肩下がりをつけることが多いです）。数段にわたって伏せ止めをすると、伏せ目にそって階段状に段差ができ、肩はぎがしにくくなることがあります。伏せ止めは段のはじめでしかできないため、伏せ止めする段と次の段との間に階段状の段差ができます。例えば、パターンで「次の4段の編みはじめで5目ずつ伏せる」というときは、つまり両肩でそれぞれ10目ずつ伏せることになります。

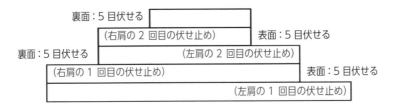

裏面：5目伏せる
（右肩の2回目の伏せ止め）
表面：5目伏せる
裏面：5目伏せる
（左肩の2回目の伏せ止め）
（右肩の1回目の伏せ止め）
表面：5目伏せる
（左肩の1回目の伏せ止め）

　「スロープ状の伏せ止め（sloped bind off）」は、階段状になる伏せ目をなだらかにする私の大好きな技法です。最初はいつも通り、最初の指定目数を表面の段で伏せ、段の最後まで編み、編み地を返し、裏面の目も伏せます。ここからがトリックの部分です。

1. 裏面の段を編み進め、最後に左針に1目残します。

2. 編み地を返し、左針の1目めを右針にすべらせます。

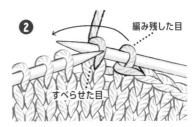

❷　　　　編み残した目

すべらせた目

3. 右針の編み残した右側の
目を、すべらせた目にかぶ
せます。これが1目めの伏
せ目になります。

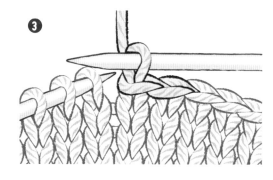

　あとは指定された目数分
だけ伏せます。

　上記の **1 ～ 3** の手順を、肩
の伏せ止めが完了するまでく
り返します。ここではすべり目が、階段に代わり次段との橋渡しとなり、肩はぎ
がしやすくなります。

　いつもの階段状の伏せ止めと比較してみましょう。ごらんの通り「スロープ状
の伏せ止め」のほうが見た目もよく、肩はぎもしやすくなります。

通常の伏せ止め

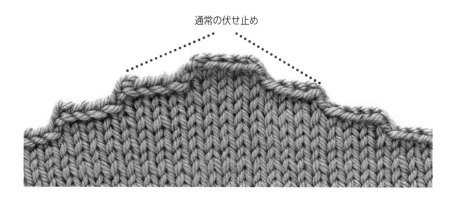

スロープ状の伏せ止め

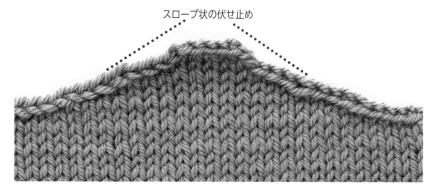

ならば「スロープ状の作り目」はどう?

　ある日、ドルマン袖のセーターを編んでいたときのこと。袖は毎段、段のはじめで目を作りながら編みます。作り目が階段状だと、伏せ止めの場合と同様に、はぎ合わせにくくなります。そこで思いつきました。伏せ止め側をなめらかなスロープ状にできるなら、作り目側もできるのでは? と。

　例えば、パターンに「ケーブル・キャストオンの方法で、次の6段の編み始めで5目ずつ作る」と書かれているとします。表面の段では表目のケーブル・キャストオン、裏面では裏目のケーブル・キャストオンの方法を用います（84〜85ページ参照）。第4章でご紹介したトリックはここの作り目の最後には使わないでください。これは裏面と表面の最後の作り目に使います。

　スロープ状の作り目は伏せ目と同じように始めます。最初の表面と裏面の作り目はいつも通りに作ります——表面では袖の作り目をして最後まで編み、編み地を返して、裏面でも袖の作り目をします。ここからがトリックの部分です。

1. 段を編み進め、最後に左針に1目残します。
2. 編み地を返し、編み残した右針の1目めを左針にすべらせます。次の目を作るには最後に編んだ目と編み残した目（すべらせた目）との間に針を入れて作ります。

　上記の**1**と**2**の手順を、袖の作り目が完了するまでくり返しますが、最後の表目または裏目の作り目はパーフェクト・ケーブル・キャストオンにします（86〜87ページ参照）。

　なめらかではぎやすいドルマン袖になります。右の写真（上）では袖をいつもの作り目で作り、（下）ではスロープ状にしました。はぎ合わせるなら、どちらの作り目を選びますか?

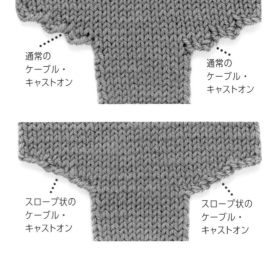

通常の
ケーブル・
キャストオン

通常の
ケーブル・
キャストオン

スロープ状の
ケーブル・
キャストオン

スロープ状の
ケーブル・
キャストオン

パーフェクトな襟開き

　襟開きは通常、特定の場所まで編み進め、新しい糸玉の糸をつけて襟底の目を伏せて段の最後まで編みます。左右の襟ぐりは別々の糸玉で、同時に、または片方ずつ編み進めます。

　これに関連して 3 つの課題に直面します——ギャップ（みぞ）、ディップ（斜めのかたむき）、そしてホール（穴）です。これらぜんぶを解決しましょう。

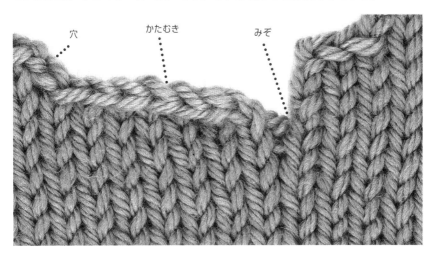

穴　　　　　かたむき　　　　みぞ

　伏せ目をするときには、編み目を次の目にかぶせます。編み目は縦より横に長いため、伏せるために横に倒したときには次の目の真ん中まで達しません。このようなことから伏せ止めでは編み目同士が引き寄せられます。このため上記の写真からもわかるように、伏せ目をすると編み地が斜めにかたむいてしまい、伏せ止めの最後には穴があきます。

　そしてみぞができます。段の途中で伏せ止めすると、糸の流れが妨げられてしまいます。伏せ止めをした 1 目めは、もうその前の目とはつながっていません。2 目がつながっていないため、新しい糸玉をつけるとこの「みぞ」はさらに大きくなります。

　解決方法は 2 目をつなげることです。

1. 伏せ止めの位置まで編み、左増し目（LLI）をします（124 ページ参照）。

2. 新しい糸玉（糸玉②）をつけ、この糸で次の目を編み、糸玉①で増し目をした目を糸玉②で編んだ目にかぶせます。これは伏せ目の数には含みません。1目増やした分を減らしただけです。

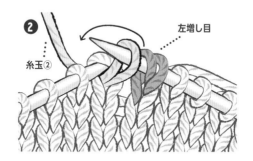

糸玉②　　　　左増し目

　糸玉①の糸を少し引っ張っておきます。これで 2 目がつながり、ギャップ（みぞ）もディップ（斜めのかたむき）も解消されます。

3. ここから伏せ止めを始めます。すでに 1 目編んでいるので、伏せ止めをするには次の目を編んでかぶせるだけです。これをくり返し、パターンで指定している伏せ止めの目数の 1 目手前まで止めます。

　ここでホール（穴）を解消します。

4. 最後の目を伏せる代わりに、変則的な SSK（右上 2 目一度）をします。まだ編んでいない次の目に表目を編むように右針先を入れてすべらせ、右針のすべらせた目と最後に編んだ目の手前側に左針先を入れて、そのまま 2 目一度に編みます。

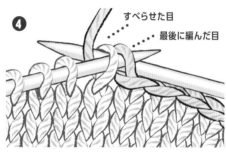

すべらせた目

最後に編んだ目

　襟ぐりのシェーピングでは、減目の前に伏せ目が何度か続きます。「きれいな襟底のための伏せ止め」の方法と「スロープ状の伏せ止め」を組み合わせると、ギャップ（溝）もホール（穴）とも無縁な、スムーズで丸みをおびた襟ぐりに仕上がります。

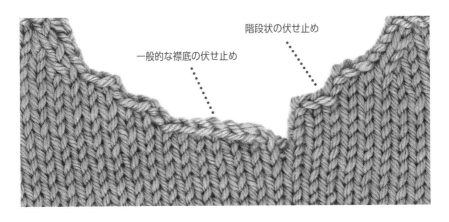

　　　　　　　　　　　　　　　　　　　　　　　　　　階段状の伏せ止め

　　　　　　一般的な襟底の伏せ止め

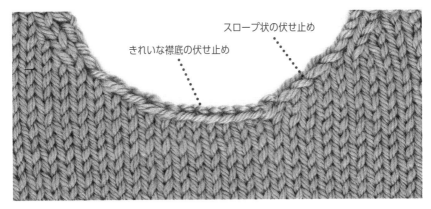

　　　　　　　　　　　　　　　　　　　　　　　スロープ状の伏せ止め

　　　　きれいな襟底の伏せ止め

今度、誰かに「必ず〜すること」や
「決して〜してはいけない」や……
さらには私の大のお気に入り、
「そういうものだから」と言われたら、
笑顔で「なぜ？」と聞き返してみましょう。

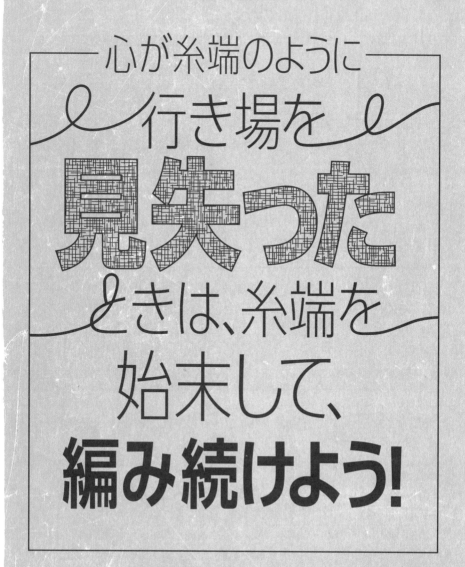

心が糸端のように
行き場を
見失った
ときは、糸端を
始末して、
編み続けよう!

第7章 仕上げ

ハッピーエンド!のために

　すべてのパーツを編み終え、もう少しで「完成」と言いたいところですが、この先の道のりでは、まだ危険をともなう戦いが待っているかもしれません。伏せ止めがきつくなりすぎたり、ブロッキングに失敗したり、仕上げを恐れたり。もっとも手ごわい工程が待ちかまえているように感じるかもしれません。

　しかし、編み地のほうが私たちの恐れを感じ取るかもしれないので、気持ちを強く持ちましょう。いまこそ輝くとき、ボスが誰であるか教えてやりましょう!

よりよい「伏せ止め」

　仕上げの作業に入る前に、シンプルな動作でありながら間違いやすい、「伏せ止め」をしなければなりません。

　ニッターなら必ず知っている、「ゆるく伏せ止めする」という指示は、私たちをあざ笑うかのようにも思えます。角の丸みからチョークホールド(絞め技)、そして編み終わりのあの奇妙なループまで。このような障害物を乗り越え、納得のいく「止め」をしましょう。

よりよいスタートを：角の丸みをなくそう！

　前章では伏せ止めが問題の原因となりうる話をしました。編み目は高さより幅のほうが広いため、伏せ止めのときに横に倒すと次の目の真ん中まで届きません。これによって伏せ止めは、はじめに斜めのかたむきができ、進めると同時に編み目が引き寄せられます。

　パーフェクトな襟ぐりの編み方では、伏せ目の最初の目とその直前に編んだ目をつなげることで、あの「かたむき」を解消しました（167-169 ページ）。しかし、例えばスカーフのように、最初の目の「前」に何もない場合はどうしたらいいでしょう。伏せ止めのはじめを直角に伏せたい場合には、かぎ針編みの技法を拝借しましょう！

　かぎ針編みの角を直角にしたい場合、次の段を編み始める前に「立ち上がりの鎖目」（かぎ針編みで次の段へ編み地を返すときに編む、立ち上がりの1目、またはそれ以上の鎖目を指す）を用います。こうすることで、ちょうど次に編む段の高さになります。伏せ止めは基本的にかぎ針編みの鎖目と同じなので、立ち上がりの鎖目を編みましょう。

1. 1目、表目に編む。
2. 右針にかけ目をして、左針先を右針の1目め（右側の目）に入れ、かけ目にかぶせます。

かぶせる

かけ目

これで立ち上がりの鎖目が1目できました！
ここからはいつもの伏せ止めを続けてください。シンプルな動きでも効果は大きいです。

伏せ止めの丸くなった角

立ち上がりの鎖目を編んで
できたシャープな角

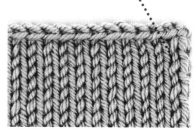

きつすぎる伏せ止め：チョークホールドを止めよう！

　伏せ止めをゆるくするのは口でいうほど簡単ではないことはわかったので、こ
れをやり易くする方法を探ってみましょう。まず、編み目の高さを出すことで、
横に倒したときに次の目を引っぱらずにすむようにしましょう。

　簡単な方法としては、伏せ止めのときに太い針を使うことです。ですが、手を
止めて針を持ち替えるのも面倒なときがあります。そこで、いつもの伏せ止めに
少しだけ手を加えて、とても簡単にできる方法をご紹介しましょう。

　1目編んだところから始めます。

1. 次の目も編みますが、左
　　針からはずしません。

2. 左右の針を軽く引き離し、
　　編んだ目に多めに糸を送
　　り、編み目を長くします。

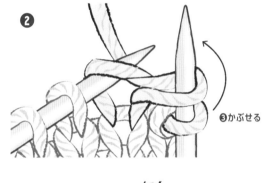

❸かぶせる

3. 左針先をくるっと動かし
　　て、編んだ目の手前へもっ
　　ていき、右針の1目め（右
　　側の目）を編んだ目にかぶ
　　せます。

4. 左針を両方のループから
　　はずします。

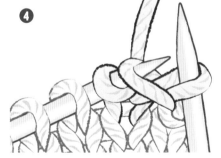

　こうすることで毎回きれい
に伏せ止めができます。

この方法は表目にも裏目にも使えます。
……と言ったところで、次の簡単な方法もご紹介しましょう。

パターン通り（目なり）に伏せ止めする：鎖目をなくす

　リブ編み、交差模様、かのこ編みなどの模様編みを伏せ止めするときには、その模様を編みながら伏せます。リブ編みの場合は、表目は表目に、裏目は裏目に編むということになります。

　ここではリブ編みをすべて表編みにして伏せ止めした編み地、目なりに編みながら伏せ止めした編み地を並べてみました。

一般的な作り目と伏せ止め

目なりの作り目と伏せ止め

　伏せ止めを目なりにおこなうと、襟ぐりの拾い目やカーディガンの前立ての仕上がりがきれいになります。

編み終わりを整える：糸送りが（ここでも）妨害されている

　ここまでのところ、伏せ止めの始まりと途中を整えることができたので、最後に、雑になりやすい最後の目の整え方も説明しておきましょう。最後の伏せ目のあとに大きなループが残ります。なぜこうなるのか、すでにみなさんもわかりますね。そう、糸送り（糸の流れ）がここでも妨げられているのです。

　しかし、ここまでご紹介した方法（SSK の整え方や段の1目めの整え方など）とは異なり、伏せ止めの最後の目、その横にはもう編み目がありません。ジ・エンド、終わりなのです。横にも上にも編み目がなく、大きなゆるい目が雑然と残っているだけです。

最後に大きな穴が残る

　これを整えるには、ゆるんでいる余分な糸をなんとかしなければなりません。ストライプ柄ではないけれど、下の段がこの状況を救ってくれます。

1. 左針に 1 目残るまで伏せ止めをします。最後の目は編まずに右針に移します。

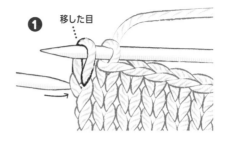
移した目

2. 編んでいない最後の目の下の目の左足に、左針先を後ろから手前に向けて入れて、持ち上げます。

3. 右針に移した目を左針に戻します。こうすることで、本来の編み目（最後の目）が内側に、下から持ち上げた目が外側になります。この状態で 2 目を一度に編み、最後に伏せた目を 2 目一度に編んだ目にかぶせます。

最後に伏せた目

4. 糸を切り、針を引き上げながら糸端を最後の目から引き出します。これでおしまいです。

　ゆるみはすべて後ろ側に移動し、端はきれいな角ができます。

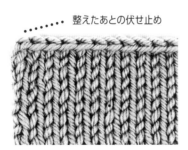
整えたあとの伏せ止め

ブロッキング：最後の仕上げ

　ブロッキングが編み地に与える効果を初めて目にしたときの驚きは、いまでも忘れられません。ブロッキングは編み目をスパに連れていくようなものです。水に浸ける、スチーム（蒸気）をあてる、または霧吹きで湿らす。これらの方法で編み地が落ち着き、本来の姿を現します。そして私たちはつねにパーフェクトな状態に編み上げているわけでないので、ブロッキングは編み目の不ぞろいを解消してくれます。

　ブロッキングはシンプルな作業ですが、ときどき必要以上にややこしくしてしまうことがあります。きれいとはいえない編み地がブロッキングによって救われるケースよりも、きれいな編み地がブロッキングによって台無しになるケースのほうが多いように思います。ブロッキングの効果的なアドバイスと便利なコツをご紹介しましょう。

ブロッキングの「試運転」をおこなう

　ブロッキングによる不運な事故は、糸玉についている帯の取り扱い表示に従ってスワッチをブロッキングすることで避けられます。水通しをすることで編み込み模様に使用した糸が色落ちしたり、スチームをあてることで糸に通っていたスパンコールが溶けてしまうことがあっても、スワッチは台無しになりますが、本番の作品ではありません。試運転を通して正しい判断を下せます。

編み地に命を残す

　ブロッキングは編み地に「アイロンをかける」ことではありません。アイロン面を編み地に当てて押すたびに、天使が羽をなくすように編み地の命が失われていきます。編み地が平らになるまでアイロンをかけた後の光沢が好きだというニッターもいますが、編み目の活気が失われるように思います。編み物は立体的な生地です。平らにすることでその命を押しつぶさないようにしてください。

「とじはぎ」のそなえを

　とじはぎをする前にパーツごとにブロッキングしておきましょう。とじ代が整い、端がまっすぐになるので扱いやすくなります。拾い目をする前にブロッキングすることも大切です。そしてとじはぎをしたあとや、前立てには、最後に仕上げのスチームをあてるとよいでしょう。

「シンプル」を心がける

　昔から水通しさえしておけば大丈夫と言われています。ウール用洗剤を使ってたっぷり時間をかけて編み地を浸します。そして編み地をタオルに巻き、水分を押し出して平干しします。レース編みのショール等のように、ブロッキングしながら引き伸ばさないといけない（引き伸ばすべき）もの以外は、伸ばす必要はありません。セーターの場合はピンを打つことで多少幅を広げたり、長さを伸ばすことはできますが、一旦乾くと元に戻ります。元のゲージを信頼するのが一番。無理に伸ばさないようにしましょう。

ブロッキングのコツ：フレームに合わせる

　多くのニッターのみなさんと同じように、私もセーターのブロッキングをするときにはブロッキングボードとピンを使いますが、みなさんが想像する方法とはちがうかもしれません。必死にピン打ちをする必要がないだけでなく、端を自然とカールさせることでとじはぎしやすくなります。私の大好きなブロッキング方法は、セーターのアウトラインに合わせたフレームに合わせる方法です。そうするとゲージの持つパワーに驚かされます！

1. まず寸法図（製図）の寸法通りにセーターのアウトラインにそってブロッキングボード上にフレームのようにピンを打ちます。ヒップ、ウエスト、バスト、背肩幅、肩、襟幅の両側にピンを打ちます。

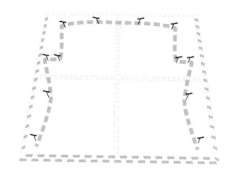

2. 水通ししたセーターの水分を押し出したあと、ボード上のフレームの内側に、セーターを平らにピンの方向へ向けて広げます。フレーム内に納まったら、少し様子を眺めながらゲージの持つパワーを改めて実感しましょう。

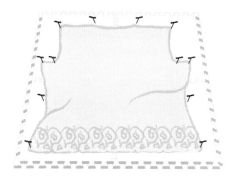

3. ピンを何本か直接セーターに打ったほうがよさそうな場所があれば、バストやヒップなどの両端のピンを一度はずし、セーターに直接打ち直してもかまいません。

　ブロッキングフレームのうれしいところは、寸法に合わせて枠を一度作っておけばセーターの前後にそれぞれ使えるところです。袖にも同じことができます。

糸始末：リバーシブル？
それともリバーシブルでない？

　糸始末にはさまざまな方法がありますが、私たちはほとんどひとつの方法しか教わっていません。目の凸部分に糸端を割り入れる方法、実際には裏目をなぞってメリヤス刺繍の要領で糸端を刺す方法です。スカーフのようなリバーシブルなアイテムには絶好の方法です。

　リバーシブルでなければ裏面の様子を心配する必要はありません。私は糸始末の前に糸端の撚りを分けて、それぞれを別方向に始末する方法が好きです。この方法だと編み目になぞって刺す方法より編み地に厚みが出ません。

1. 糸端をとじ針に通し、裏目の凸に通します。ガーター編みの場合はそのまま段の溝の部分にそってもかまいません。メリヤス編みの場合は斜めに刺します。

ガーター編み

メリヤス編み

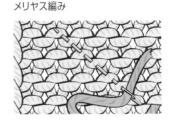

2. 糸端を引き出して方向を変え、さらに2〜3センチ刺します。ガーター編みの場合には上下の段に移動、メリヤス編みの場合は角度を変えて刺します。

ガーター編み

メリヤス編み

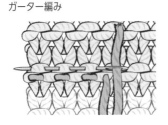
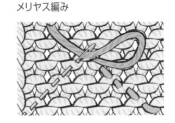

3. 方向転換したところは少しゆるみを残して糸端を引き出します。

4. 最後に、編み地を横方向に引っぱり方向転換した箇所がきつくなっていないか確認し、残りの糸端を切り落とします。

糸端を切り落とす

　糸端を切り落とすことに関連して、ニッターの間で議論されるのが、糸始末をブロッキングの前におこなうか、後におこなうかという点です。ブロッキング前におこなう場合は、ブロッキングすることで糸端がしっかりと止まると言います。反対意見としては、編み地を引き伸ばすことで糸端が動き、飛び出る可能性がある、と。私自身は中間でしょうか。

　レース編みの編み地をブロッキングする場合は引き伸ばすため、ブロッキングしたあとに糸始末をします。それ以外の場合はブロッキング前に糸始末をして、残った糸端はまだ切らずに、ブロッキングをすませてから切るようにしています。

　残った糸端を切っては飛び出し、また切っては飛び出し……（糸を編み地の際<ruby>際<rt>きわ</rt></ruby>で切るとまた飛び出し、また切って飛び出し、のくり返し）、これを避けるために糸端にストッパーを作り、とめるようにしています。

1. 糸始末をしたあと、編み地を伸ばして、始末した糸が完全に行きわたるようにします。その後、0.5 cm ほど編み地から出した状態で糸端を切り落とします。

2. ハサミの先で糸先をばらすように広げて、ほつれさせます。

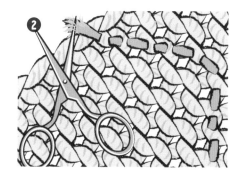

3. ほつれ部分を広げ、つぶすように編み地に押し込みます。

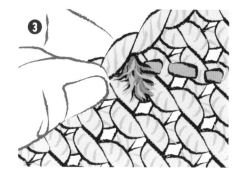

これで糸端が飛び出ることはありません！

すくいとじ：とじはじめはひみつの方法で ─────

　仕上げにかんしては何百万もの本が出ています（少々大袈裟？）、そして「とじはぎ」だけでも同じくらい多くの動画が出回っていますが、すくいとじの目が揃わないことについては誰も触れたがりません。

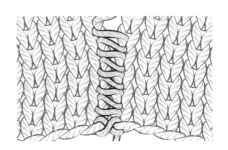

　すくいとじは縦方向に2枚の編み地をつなぎ合わせる方法です。これをするには、2枚の編み地それぞれの目と目の間に渡っている糸（シンカーループ）に、交互にとじ針を入れます。縫い目がジグザグになり、編み目を横に倒したような表情になります。

　2枚の編み地がきれいに並ぶようにしましょう、と言われます。また1段ずつ針を入れるように、とも言われます。そして糸を引くとパーフェクトな状態になると。……ウソです。ここでもまた沈黙を守ろうとしているのです。

みんなこれで問題ないフリをしていますが、
実際はこのような状態になります。

　　　　　　　　　　　　　すくいとじの始点がズレた状態

　このような段差をなくすには、下端のズレをなくすことから始める必要があります。最初から説明しましょう。

まずはフィギュア・エイト・ジョイン（8 の字型につなぐ方法）から始めます。

1. 2 枚の編み地の表面を上に向けて並べます。右側の編み地を A、左側を B と呼ぶことにします。とじに使う糸をとじ針に通して、A の端目とそのとなりの目の間、かつ、作り目のすぐ上で、針を後ろから前に出します。

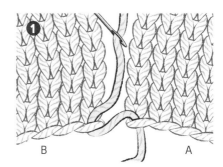

2. 反対側でも同じように、B の端目とそのとなりの目の間、かつ、作り目のすぐ上に、針先を後ろから手前に出します。

3. 「8」の字を完成させるには、とじ針をふたたび A の **1** の手順と同様の場所に移し、とじ針を後ろから手前に出します。やさしく糸を引き、編み地同士を合わせます。

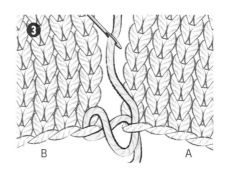

さあ、ここで誰も教えてくれないひみつについて……
横糸を1本ずつすくうのではなく、段差をつけてとじを進めます。

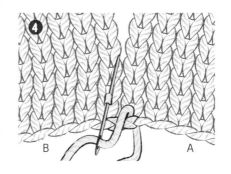

4. B で、糸が出てきた場所に手前から後ろに向けて針を入れ、横糸を**1本**すくいます。

5. 次に、Aの糸が出てき
た場所に手前から後ろに
向けて針を入れ、横糸を
2本すくいます。

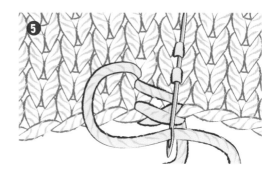

6. ここからは、左右とも
に同じ数の横糸をすくっ
ていきます。横向きだっ
たジグザグの縫い目が少
し斜め上を向くようにな
ります。

この状態で糸を引くと端
同士がきれいにそろいます。

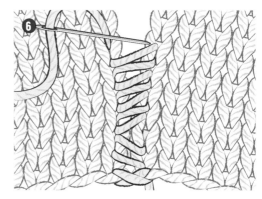

この話の教訓としては……
教わったことを聞き流したほうがよい！こともある。

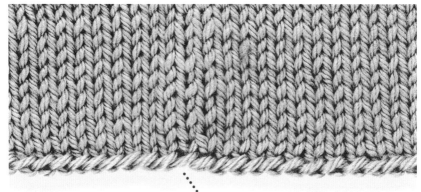

パーフェクトなとじ目

拾い目：自分の道を行こう

　お気に入りの拾い目の方法を見つけるには、何を優先させるかを探る必要があります。

　当たり前だと思われるかもしれませんが、ここで改めて述べておかないと伝え損ねたことになりかねません。何かというと、拾い目をする前には編み地のブロッキングをすませておくこと。そう、私も最初は知りませんでした。ブロッキング後の段数ゲージと目数ゲージを把握して、自分の目数に対する段数の比率を求める必要があります。この比率を知っておくとパターンに頼らずにすみます。くわしく説明しましょう。

何目？：パターンの数字にはとらわれない

　作り目または伏せ目から（編み地の横方向にそって）拾い目をするときには、端からひと目ずつ拾います。すでに編まれている目の上に積み上げるように拾い目をします。しかし縦方向や斜めに拾い目をする場合には、目数ゲージと段数ゲージが異なることがあります。このときに自分にとっての正しい数字を知っておくことが必要となります。

　昔はパターンに「自分の目数ゲージと段数ゲージをもとに、2目の倍数 +1 の数を拾いましょう」と記載されていました。最近では具体的な拾い目の目数が書かれています。しかし、パターンの通りにしたくない、たくさんの理由が頭をよぎります（パターンに書かれていることが必ずしもベストだとは限りません）。自分の目数ゲージと段数ゲージがパターンとは異なるかもしれません。襟ぐりの深さや襟開きの幅を変えたかもしれません。その他の理由があるかもしれません。

自分の編み物なので、
拾い目はデザイナーが指定する目数ではなく、
自分の数字を優先させることです。

　拾い目数の計算方法はシンプルなものから複雑なものまでたくさんの方法があります。算数っぽい 2 通りの方法と手抜きの方法（パティのお気に入り）をご紹介しましょう。

方法 その1

自分の目数ゲージと段数ゲージを使う：自分のセーターだから！

　自分の目数ゲージと段数ゲージがパターンのものと異なるとき、パターンの拾い目数をどのように使うとよいですか？　……いやいや、使えません。自分で数を求める必要があります。カーディガンの前立てを例に使いましょう。

　これには次の情報が必要です。

- **前開きの寸法**……例えば、ブロッキングしたカーディガンから、前立てを編むための拾い目をする前端にそって、縦に寸法を測る。

- **縁編みの目数ゲージ（ブロッキングずみ）**……そうです、前立てのスワッチを編む必要があります。ページを通して唸り声が聞こえてきますよ。

- **縁編みの模様の目数**……1模様の目数を切り上げるまたは切り捨てる必要があります。

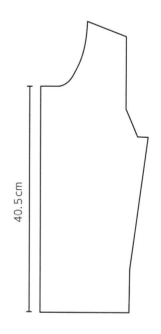

40.5cm

　前端の長さが40.5cm、目数ゲージが10cm = 16目、模様は4目の倍数 + 2目、だとします。

　さあ、拾い目部分の寸法にゲージを掛け合わせ、必要に応じて切り上げ／切り捨てます。

40.5cm × (16目 ÷ 10cm) = 64.8目

ゲージ（1cmあたりの目数）

　4目の倍数 + 2目にするには、62目または66目になります。

方法 その2

パターンの数字を目安として使う

　自分の目数ゲージと段数ゲージがパターンと同じでも、着丈を変えた場合はパターンと同じ目数を拾うわけにはいきません。ただ、パターンを目安として使うことは可能です。ここでも同じカーディガンを使いましょう。

　ここでは次の情報が必要です。

- **前開きの寸法**（寸法図で確認）
- **パターンの拾い目数**
- **自分のカーディガンの前開きの長さ**（ブロッキングずみ）

　パターンの拾い目数をパターンの前開き寸法で割ります。そうすると 1 cm あたりの拾い目数がわかります。

　次に、1 cm あたりの拾い目数を、自分のカーディガンの前開き寸法に掛けます。

　ここではパターンの前立ての長さが 40.5cm で、
　拾い目数は 71 目になっています。
　自分のカーディガンの前開き寸法は 45.5cm です。

　71 目 ÷ 40.5cm = 1.75 目　（1cm あたり 1.75 目拾う）
　1.75 目 × 45.5cm = 79.625 目

　これで正しいか検算しましょう。ここでは論理的に、自分のカーディガンの丈を長くしたので、多めに拾うことになるはず。この点を確認しておきましょう。

　これ以降は模様の目数に調整するため、切り上げ／切り捨てます。ここでは「1 目ゴム編みで最初と最後を表目にする」とすると、2 目の倍数 + 1 になるよう調整すればいいことになります。そうすると、前開き寸法 45.5cm の場合の拾い目数は 79 目になります。

方法 その3

自分の編み地を使う

　算数はすごいですが、「手抜きは発明の母」と話したことはありましたでしょうか。自分の編み地を目安にしてはいかがでしょうか。

　よく裾や前立てに同じ模様を使用することがあります。カーディガンの前身頃をブロッキングして、片方の前身頃の裾をもう片方の身頃の開きにあてて、「何段に対して何目の拾い目が必要か」という割合を確認することができます。

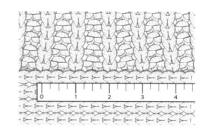

目数に対する段数を数える

　例えば、カーディガンの前開き12段分が、裾の9目分にあたるとします。9目に対して12段の割合になります（どちらも3の倍数なので3で割ると、3：4の割合になります）。この場合、3段から1目ずつ拾い、1段飛ばします（3目を4段から拾う）。これが自分のゲージの正しい比率ということになります。これをベースに前立ての模様に合うように微調整をします。

さて次は、どうやるか（how）です。

模様数の求め方

　ある数字が模様の目数の倍数であることを確認するには、まず端を調整するための目数を差し引き、1模様の目数で割ります。これが整数でなければ切り上げ／切り捨てます。

　　64 − 2 = 62　　……拾う目数から端の目数（ここでは2目）を引く

　　62 ÷ 4 = 15.5　　……模様の目数（ここでは4目）で割る

　　15.5の小数点以下を切り捨てると15　→　15 × 4 = 60 + 2 = 62

　　15.5の小数点を切り上げると16　→　16 × 4 = 64 + 2 = 66

均等に目を拾う：区切って、刺す

　拾い目数は計算できましたが、どうやって均等に拾えばよいのでしょうか？

　簡単に拾い目を均等におこなう方法です。まず全体を細かいセクションに区切り、そのなかで配分します。これは科学ではなくどちらかと言えばアートなので、あまり神経質にならないでください。パーフェクトでなくても大丈夫です。

細かいセクションに分ける

　例えば前立てから 66 目拾うとします。まずこの数字を細かく分けます。

1. まず、前開きの端を半分に折り、半分のところにマーカーを付けます。これで 2 つのセクションに分けました。

2. 2 つのセクションをそれぞれ半分に折り、同じようにマーカーを付けます。そうすると 4 つのセクションができます。

3. 次に拾い目数をセクション数で割ります（この場合 66 ÷ 4 ＝ 16.5）。2 つのセクションでは 16 目、あとの 2 つでは 17 目拾います。

数の微調整はつきものですが、細かいセクションに分けて配分すると、拾い目が均一に、しかも簡単にできます。

セクション内で配分する

　拾い目は端目とそのとなりの目の間から拾います。この場所はすくいとじをするときに目と目の間の渡り糸（シンカーループ）をすくう場所と同じです。

1. 編み針の先を使って、目を拾えるスペースを数え、各セクションの段数を確認します。

2. 次に、数えた段数から拾い目数を引きます。そうすると各セクションからの拾う目数と飛ばす段数がわかります。

　例えば、ひとつのセクションでは 21 段数えたとします（拾うスペース）。そこから 16 目拾うとしましょう。

$$21 - 16 = 5$$

　21 段から均等に 5 段飛ばしながら目を拾います。「拾い目できるスペースの数」を「飛ばす数」で割ると、飛ばすまでに何目拾うかがわかります。

$$21 ÷ 5 = 3.2$$

　この通り、次の 3 段から 1 目ずつ拾い、その次の段を飛ばします。

端目も美しく：「すぼまり」と「ロール」を直す

　均等に拾い目をするための割合を計算して拾い目がパーフェクトにできても、リブ編みの前立てに関連した問題が2点残ります。私はこれらを「すぼまり」と「ロール」と呼んでいます。どちらも解消しましょう。

「すぼまり」について

「すぼまり」とはリブ編みの前立ての下端が上に引っぱられる状況を指し、ときには不格好に見えることがあります。これを簡単に修正できる方法がありますが、まず拾い目の始点が正しいことを確認しましょう。

リブ編みが上に引っぱられる

　前開きのウェアの端が丸く巻いてしまい、拾い目の始点もわかりにくくなることがあります。1段めだと思う位置から始めますが、実際にはそうではない、かもしれません。

　端を下に引き下げ、針先で軽く突き刺すと、作り目の真上に小さな空間が見つかります。ここはフィギュア・エイト・ジョインをするときに針を入れた場所（181ページ）と同じです。

　こうすることで目障りなズレがなくなります。

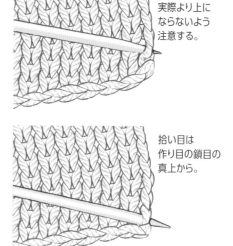

拾い目の始点が実際より上にならないよう注意する。

拾い目は作り目の鎖目の真上から。

「ロール」について

　ここで「ロール」と呼んでいるのは、裾の下端が後ろ側にカールする状態のことです。この場合、せっかく 2 目ゴム編みで編んでいても、編みはじめが引き伸ばされた表目 1 目のように見えます。

　メリヤス編みはつねにカールします。リブ編みの前立てでも、表目で始まる場合、後ろにカールします。2 目ゴム編みなら、表目 2 目はじまりであれば表目 1 目のように見えてしまいます。さいわい、これも簡単に直せます。

　通常の 1 模様の倍数より 1 目多く拾い目をします。1 目ゴム編みであれば、通常の拾い目数は「2 目の倍数 + 1 目（最初と最後が表目になるよう端を調整するための 1 目）」ですが、代わりに 2 目の倍数の目数を拾い、前立ての裾側の拾い目を表目 2 目にします。2 目ゴム編みであれば通常の拾い目数は「4 目の倍数 + 2 目」ですが、代わりに「4 目の倍数 + 3 目」にして裾側の拾い目を表目 3 目にします。

　この画像では 2 目ゴム編みの前立てを編んでいますが、裾側の表目は 3 目にしています。下端の目は自然とカールするため、結果として表目 2 目と裏目 2 目の 2 目ゴム編みの状態に見えます。

パーフェクトな拾い目

ロールさせましょう！　作り目のすぐ上から拾い目をして、
拾い目数を 1 目多くしておけば
前立ての裾がパーフェクトな状態に整います。

Vネックの拾い目：角を作る

　もうひとつ、拾い目関連の
問題があります。Vネックの
拾い目をしながら角を作る方
法です。

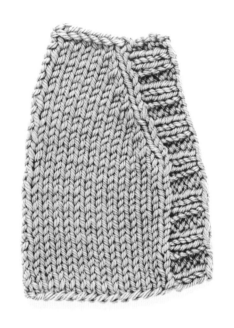

　Vネックの前立てを編むた
めの拾い目をするときは、ま
ず直線状に拾って、次に襟元
のシェーピングにそってカー
ブを描くように拾う必要があ
ります。この部分で編み地が
ひきつれ、しわが寄りやすい
です。

　ここでもまた、かぎ針編み
で用いる方法を取り入れて、
カーブを曲がるときに増し目
をします。拾い目にかけ目を
2目加えます。このかけ目2
目分も拾い目としてカウント
します。

1. Vネックの「角」にあた
　　る部分、拾い目をする端目
　　の内側に、取りはずし可能
　　なマーカーを付けます。段
　　からの拾い目の割合に従っ
　　てマーカーまで拾い目をし
　　ます。

2. ここで「角」の両側で増し目をします。まず、かけ目をして、マーカーをはずし、（マーカーを付けていた）その角から拾い目をし、もう一度かけ目をします。あとは拾い目を続けます。

3. 次段では、前立てを編み進め、かけ目はねじって表目または裏目に編みます。

針先をループの後ろ側に入れて、
裏目をねじり目にして編む

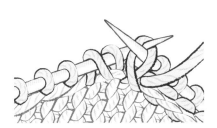

針先をループの後ろ側に入れて、
表目をねじり目にして編む

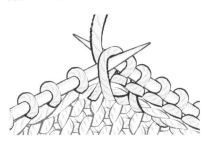

これで、
角を作りながら
パーフェクトな
拾い目ができます。

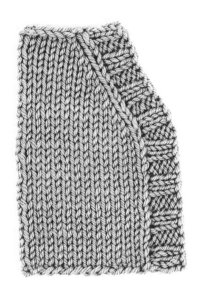

最強のボタンホール

　ツーロウ・ボタンホール（2段で完成するボタンホール）が、もっとも一般的に用いられます。納得のシンプルさです——1段めでボタンホールに必要な目数を伏せ、次段で同じ目数を作ります。シンプルですよね？　ここでどのような問題が起こりうるのでしょう？

　襟底の伏せ止めをするときに段の途中から伏せ止めを始めると発生する問題がありましたね（167ページ）。ここでもボタンホールの下部に同様の現象が起こります。伏せ目を始める箇所にギャップ（みぞ）とディップ（斜めのかたむき）ができ、伏せ目が終わるところでは目が引き寄せられます。作り目にできるギャップ（みぞ）も加えるとこのような状態になります。

穴　　　　　　　　　　　　　　　　　　　　　　　　　みぞ

　　　　　　　　　　　　　　　　　　　　　　　　　　みぞ

　代わりになるボタンホールをご紹介しましょう。このボタンホールでは、伏せた目に表目で縁編みをする魔法のような方法です。例えば、1目ゴム編みに3目のボタンホールを試してみてください。2目ゴム編みに2目のボタンホールも素敵です。

　襟ぐりの仕上げ方と同様に、伏せ止めを始めるときに増し目をして編み目同士をつなげ、伏せ目の最後で減目をします。ボタンホールをきれいに仕上げるために、増し目と減目は襟ぐりで使用した技法とはちがう技法を使用します。

1. ボタンホールの 1 目手前まで編み、KFB の編み出し増し目（122 ページ参照）を編みます。ここで 1 目増えました。

2. 次の目を裏目に編み、増やした目をかぶせます。これは伏せ目としてカウントしません。増し目をした分を相殺しているだけです。

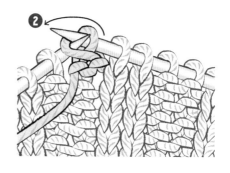

3. ここから伏せ止めを始めます。すでに 1 目裏目を編んでいるので、次の目も裏目に編んで 1 目めをかぶせます。これで 1 目伏せました。

4. 最後の目は伏せる代わりに K2tog（表目の左上 2 目一度）にします。最後に編んだ目を右針から左針に移し、この 2 目を一度に編みます。

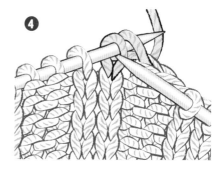

　ボタンホールをあけるたびに **1 〜 4** の手順をくり返し、段の最後まで編みます。次段はボタンホールの伏せた目の上で作り目をします。
　この場所で、のちにレモンがレモネードになるようにおいしく変身します！

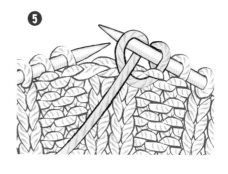

5. 次段（裏面）では前段の伏せ止めでできたギャップ（溝）まで編みます。ここで E-loop（巻き目、119 ページ参照）の方法で伏せ目の数より 1 目少なく目を作ります。ここの例では 2 目伏せたので 1 目作ります。作り方は編み糸でループを作り、そのループを右針にのせます。編み糸を引っ張り、ループを引き締めます。

次のボタンホールまで編み進め、ボタンホールごとに **5** の手順をくり返します。魔法は次の表面で起こります。

6. ボタンホールまで編み進め、E-loop（巻き目）の増し目の手前まで編むと、大きな穴になっていて、最後に編んだ目から E-loop まで長めの糸が渡っています（これはまだレモンの状態です）。

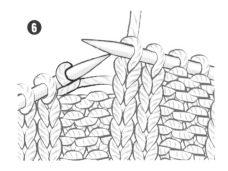

7. その渡り糸を使って、2 目めの巻き目を作ります（これがレモネードです！）。これを作るために横糸を指先やかぎ針、針先などを使って拾い上げて、ねじり目にして左針にのせます。ねじる方向が E-loop と同じ方向になるように気をつけましょう。

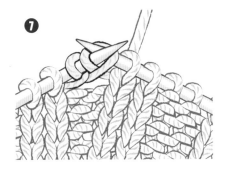

　次のボタンホールまでパターン通りに編み、ボタンホールごとに **7** の手順をくり返します。
　これでパーフェクトなボタンホールのできあがりです！

これで自信を持って、カーディガンの前を開けて着用できます！

パーフェクトなボタンホール

袖付け

昔ながらのセットインスリーブのフィット感に勝るものはありません。たしかにその通りですが、「袖を付ける」という言葉ほどニッターの心を脅かすものはないのも真実です。いえいえ、大丈夫。落ち着いて呼吸を整えてください。そして実際は見た目よりもっと簡単だということを確認しましょう。

次にご紹介する 3 つのトリックは、みなさんのニッティングライフにおける「とじはぎ」を大きく変えることになるでしょう。

袖付けはトップダウン

かつて私は糸を糸玉につなげたままとじでいました。ということは脇下から袖付けを始めて、袖ぐりを回って反対側の脇下まで続けました。しかし、肩から下方向へ進めた方がはるかにやりやすいです。そしてこの方法なら、微調整が必要な場合はすべて脇下でできます。

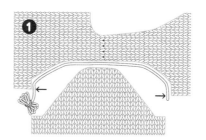

1. いったん肩をはぎ合わせたら、アームホール丈の 4 倍の長さの糸を用意します。この長さに切った糸をとじ針に通します。

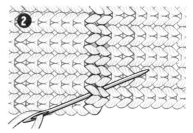

2. とじ針を肩のいちばん高い部分に通します。表面から、前後身頃の片方の「端目」と「そのとなりの目」の間に入れて、肩はぎの反対側の同じ場所から針先を出します。

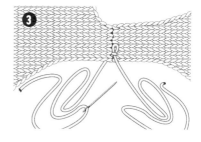

3. 糸を引き、肩はぎ線の両側の糸が同じ長さになるようにします。片側に結び目を作り、抜けないようにします。これで前後両側の袖付けをするための糸が用意できました。

これで袖山を半分ずつとじられるよう糸の準備が整ったので、目から鱗の方法をご紹介しましょう。

いせ込み：カーブに丸みをつけて

　アームホール丈は袖山より長いので、平らなテーブルなどで袖付けをする場合はどうもうまく合いません。教本などには曖昧_{あいまい}な表現で「ゆとり分をいせ込みましょう」と書いていますが、実際のところ、これはどうすればよいのでしょうか？

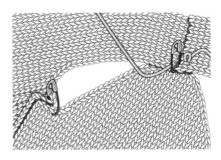

1. 最初に袖山をアームホールに合わせてとめます。まず袖山の頂点に取りはずし可能なマーカーを付け、肩先にとめ付ける。次に伏せ止め部分を合わせます——取りはずし可能なマーカーをアームホールの伏せ止めの端に付け、袖山の下端の伏せ止め部分と合わせます。

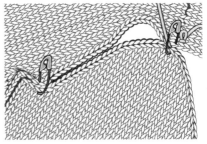

　袖山は丸みをつけて肩をおおうようにデザインされているため、テーブルなどの平らな面でとじ合わせるのは困難です。袖山をアームホールに合わせようとしても合いません。

　ここで新しい仲間を紹介しましょう、仕上げ馬です。仕上げ馬とは衣類の細かい曲線部分にアイロンをかけるときに使用する硬いクッションのような型で、ここでは袖付けをするための道具として使用します。

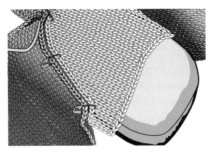

2. 仕上げ馬のカーブにそってとじ合わせることができます。仕上げ馬の上に袖山をおくとぴったり合います。ここで取りはずし可能なマーカーをもうひとつ、肩先と伏せ止めのマーカーの間に付けます。

均す：ひとつもあれば、ふたつもある

　ここでパーフェクトな袖付けのための最後の仕上げにかかります。アームホールは袖山より段数が多いため、いつものすくいとじを調整しながらおこないます。

1. 袖山を頂点から下方向に向けてとじます。間につけたマーカーまでとじます。

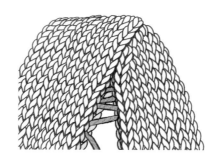

　これ以降、袖山側とアームホール側のすくいとじをする際に針を入れるスペース（段数）を数えます。例えば、袖山側はスペースが15箇所（段）、アームホール側に18箇所（段）あるなら、横糸を1：1ですくう代わりに、3回は、袖山の1本に対しアームホール側から2本すくう（1：2ですくう）ことになります。

脇下に到達するころには
均等になります。
これはうれしいですね！

一

自分に何が
編めるか
わからない
ときこそ……

編める！

なんでも！

第8章　最後の知恵のことば

意識の高いニッター

　やりましたね！　ここまでたどり着いていただけた方は、向上心旺盛^{おうせい}なニッターで、熱心に「なぜ」の部分を学んで自分の編み物をしっかりとコントロールしたいという方、もしくは、本の最終章を先読みして終わり方を最初に確認する方、のいずれかでしょう。みなさんが前者であることを願っています。

さて、次はなんでしょう？
私の講座では、つねにこの名言で締めくくります。さあ。

編み地を「読む」こと

　ニッターのお道具箱のなかでもっとも強力なツールとは「編み目を読む力」です。これを実践してみてください。

　私が編み物を始めたころ、自分自身を試していました。意図的にレース模様の段の途中で手を止め、しばらく放置しておくのです。翌日、ふたたびこの編み地を手に取り、パターンの何段めを編んでいたか、編み地を見て考えます。この方法でレース模様をたくさんほどくことになりましたが、そのおかげで、編み地を「読む」のが得意になりました。意識の高いニッターになるための最初のステップは認識するということ。そして次のステップは分析することです。

どのように組み立てられたのかを知る

　私の兄弟は家を再建する仕事をしていますが、ある日、彼はこのようなことを言っていました。「(家を) 修復しようとするとき、まずそれがどのように建てられたか理解していないと修復できない」、と。

　私がレース編みをほどいたという話を先ほどしましたね？　毎回ほどいて間違いを修復しようとすればするほど傷が広がったのです。何人かは身に覚えがあるかもしれませんね。

　「怠惰は発明の母」という精神の下で、私はほどく量を少なくして、もっと多く編みたかったので、編み目の構造を自分で探りました。

　スワッチ分の目数を丁寧に意識しながら作ってみましょう。糸の通る道筋を見ておきます。編み目がどのようにできあがり、針がどのように動くか、そしてその理由を探ります。編み目の構造がわかれば修正方法もわかります。

同じ間違いを2回しないように……同じするならちがう間違いを！

そう、意図的に間違うのです。自分の間違いを自分で修正できることほど充実感を覚えることは他にありません。カシミアのセーターでそのような状況に遭遇する前に、いまから練習しておきましょう。

丁寧に意識しながら編んだスワッチができあがったら、今度はわざと間違って編みます。減目をほどいたり、下の段から増し目をしたり、そのような状況を直せるか試してみましょう。交差模様の大きなセクションの編み目を落として、編み直してみたあとはスーパーヒーローのような気持ちになります。

「なぜ？」を追求しよう

ブリオッシュ編みやマジックループ、チューブラー・キャストオン（ゴム編みの作り目＋袋編み）などの新しいテクニックを教わり、習得したテクニックをプロジェクトに活かしたものの、ふたたび編んでみようとすると編み方を調べないとわからない……そのような経験はありませんか。ブリオッシュ編みは何度もおさらいをして、試さないとダメでした。本当の意味で学んでいなくて、真似ていただけでした。

何かを記憶すると忘れる可能性がありますが、納得して、本当に理解すると、決して忘れることはありません。

自分の編み物を自分のものにする（オーナーシップ）

いままでお伝えしてきた内容はすべて自分の編み物に対するオーナーシップにつながります。ただ単純に指示通りに編んでいるだけでなく、意識的に選択しているのです。ハウツー動画のまねをするだけではなく、理解しながら編んでいるのです。そして何より大切なのは、何事に対しても「なぜ？」と疑問を持つことです。

みなさんのニッティングライフのなかでもっともパワフルな言葉は「なぜ」です。この言葉が「どうやって（方法）」に導いてくれます。

そして、編み友さんから何かを教えてほしいとたずねられたら、笑顔で「なぜそのように編むのか（理由を）伝えますね。そうしたらどうやって編むか（方法が）わかりますよ」と言いましょう。

基本テクニック

作り目

ロングテール・キャストオン
(指でかける作り目)

1. 糸端を手前にして針先にかけます。右手で針を持ち、かかっている糸を人差し指で押さえながら、糸端は左親指の手前から後ろに向けてかけ、糸玉につながる糸を左人差し指にかけ、両方の糸を手のひらで握るように持ちます（**A**）。

2. 針先を左親指のループに下から上に向けて入れ、そのまま糸玉からの糸を引っかけて、親指のループから戻るように引き出して編み目ができます（**B**）。

3. 親指をループからはずし、針にかかっているループを引き締めます。針に必要な目数ができるまでこの手順を続けます（**C**）。

ケーブル・キャストオン

1. ロングテール・キャストオンの方法で2目作ります。作った2目の間に右針先を入れます（**D**）。

2. ＊表目を編むように右針に糸をかけ、糸を引き出して新しい目を作ります。

3. 新しくできた目を図の通りに左針にのせます。右針先を左針の針先側の2目の間に入れて、「＊」からの手順をくり返します（**E**）。

E-loop キャストオン（巻き目）

左手で編み糸を持ち上げてループを作ります。ループを右へ反時計回りに半回転させて編み針にのせ、編み糸を引いてループを引き締めます。針に必要な目数ができるまでこの手順を続けます（**F**）。

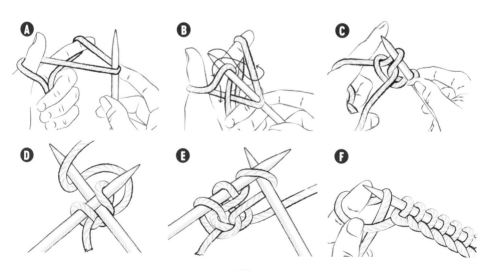

増し目

KFB（= Knit Front Back）
2目の編み出し増し目

訳注：手順を完全な形で書くと knit into front and back of the same stitch ＝ 1目のループの手前と後ろに表目を編む（1目に表目とねじり目を編む）。

1. 表目を1目編み、左針からはずさずに残しておきます（**G**）。
2. 同じ目のループの後ろ側にも表目（ねじり目）を編む（**H**）。
3. 2目とも左針からはずす。

左ねじり増し目（M 1L = Make One Left）
1. 最後に編んだ目と次の目との間に渡っている糸の下に左針先を手前から後ろに向けて入れます（**I**）。
2. 左針にのせた目の後ろ側に針を入れて表目（ねじり目）を編む（**J**）。

右ねじり増し目（M 1R = Make One Right）
1. 最後に編んだ目と次の目との間に渡っている糸の下に左針先を後ろから手前に向けて入れます（**K**）。
2. 左針にのせた目の手前側に針を入れて表目（ねじり目）を編む（**L**）。

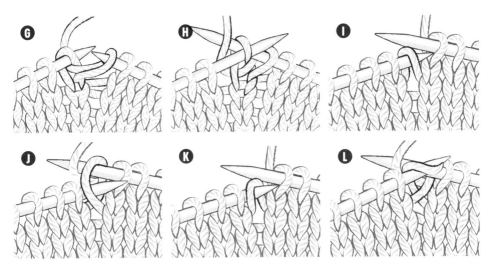

203

引き返し編み

ジャーマン・ショートロウ

表編みの段から引き返し、DS（ダブルステッチ）を作る場合

引き返す位置まで表編み、編み地を返す。左針の次の目に裏目を編むように右針を入れて移す。手前にある編み糸を右針の上に引き上げ、そのまま後ろへ引っぱり、前段の目の足2本が針にかかる状態にする（2本の足が2目に見える）。針の間から糸を手前に移し、裏編みに備える。

裏編みの段から引き返し、DS（ダブルステッチ）を作る場合

引き返す位置まで裏編み、編み地を返す。針の間から糸を手前に移す。左針の次の目に裏目を編むように右針を入れて移す。手前にある編み糸を右針の上に引き上げ、そのまま後ろへ引っぱり、前段の目の足2本が針にかかる状態にする（2本の足が2目に見える）。

DS を隠す（段消し）

平編みの場合：DSまで編み、DSの2本の足をいっしょに表目または裏目（の2目一度のように）編む。

ラップ・アンド・ターン（W&T）

左針の次の目に裏目を編むように右針を入れて移す。糸を編み地の反対側へ（表編みをしている場合は編み地の手前に、裏編みの場合は編み地の後ろに）移す。右針に移した目を左針に戻す。糸を元の位置（表編みの場合は編み地の後ろ、裏編みの場合は編み地の手前）に戻して、編み地を返す。

ラップの目（編み目に巻きつけた糸）を隠す（段消し）

表面：右針先をラップの目の下から上に入れ、そのまま右針にかかっているラップを巻きつけた目にも手前から後ろに向けて入れる。ラップの目とラップを巻かれた目をいっしょに表目に編む。

裏面：右針先を編み地の後ろ側から入れ、ラップの目を持ち上げて左針にのせる。ラップを巻きつけた目といっしょに裏目に編む。

著者の紹介

Patty Lyons（パティ・ライオンズ）は、著名な編み物講師、そして技法の専門家として、アメリカ各地のギルド、毛糸ショップ、編み物イベント等で講座を開催、また自らもリトリートを主宰している。棒針編みの「HOW（方法）」にとどまらず「WHY（なぜそうするのか）」を追究・伝授することを通して「意識の高いニッター」を育成することに定評がある。彼女の人気講座はDVD、もしくはウェブサイト（pattylyons.com）でのストリーミング配信を通して受講できる。

パティのデザインや棒針編みの技法に関する記事は『Vogue Knitting』、『Interweave Knits』、『Knit Purl』、『Knitter's Magazine』、『Cast On』、『Knit Style』、『Creative Knitting』、『Twist Collective』などの誌面に掲載され、『Modern Daily Knitting』誌では毎月読者にアドバイスを提供する「Ask Patty（パティに聞いてみよう）」のコラムも掲載している。

- **新しい講座やパターンの情報**　pattylyons.com
- **いっしょに楽しむ**　https://www.facebook.com/pattylyonsknitting/
- **ニッターたちと出会う**　https://www.ravelry.com/groups/the-patty-lyons-fan-club
- **写真を共有する**　http://www.instagram.com/pattyjlyons　（#pattylyonsbagoftricks）

謝辞

何世代にも渡ってニッターたちに自ら考えながら編むことを奨励しつづけたElizabeth Zimmermann（エリザベス・ジマーマン）とMeg Swansen（メグ・スワンセン）から得たインスピレーションなしでは本書は存在しませんでした。

David and Charles社のチームのみなさまにも感謝の意を伝えます——私のところにやってきて、「ノー」とは言わせてくれなかったSarah Callard、そして本書に命を吹き込んでくれたJeni ChownとAnna Wade、技術的なイラストを見事に描いてくれたLinda Schmidt、そして技術的なイラスト以外の素敵なイラストを描いてくれたFranklin Habitに感謝しています。WEBS社の皆さん、特にSteveとKathy Elkinsには本書中の毛糸をすべて提供していただいたことに感謝します。Pam Lefkowitzには本書のすべての技法を実際に編んで、理にかなっていることを検証してもらいました。そして業界の最も頼りになる方たち、Melissa Leapman、Zontee Hou、Trisha Malcolmからは多くの愛情とアドバイスをいただきました。そして私の家族、BrookeとMichelleはいつも私を信じてくれていることに感謝します。Cat BordhiとLucy Neatbyは、私が声を上げるきっかけを作り、背中を押してくれました。そして最後に親友でもあり素晴らしい編集者でもあるCarol Sulcoskiには、より良い文章が書けるよう導いてもらい、諦めずにいてくれたことに感謝します。

翻訳者の紹介

西村知子（Tomoko Nishimura）は、ニットデザイナー、翻訳家。日本手芸普及協会手編み師範。京都市生まれ。ニューヨークですごした幼少時代、祖母や母の影響で編み物に興味を持つ。学生時代から手編みのオリジナル作品を手がけるように。社会人になってからは通訳・翻訳を仕事とする一方で編み物の研鑽も重ね、やがてその両方を活かした編み物の仕事がライフワークとなる。現在は英文パターンを用いたワークショップや講座、編み物関連の通訳や翻訳、オリジナルデザインの提案など、幅広く活躍している。

著書に『編みもの「英文パターン」ハンドブック』（東京書籍）、『西村知子のもっともっと、英語で編もう』（日本ヴォーグ社）、『棒針編みの作り目＆止めハンドブック』（小学館）、翻訳書に『棒針編み大全』、『靴下を編む52週』（グラフィック社）、『Leafy ナンシー・マーチャントのブリオッシュ編み』（誠文堂新光社）などがある。

もっとかんたん、きれいに編める
パティさんの編み物知恵袋

2023年12月19日　初版第1刷発行
2024年9月12日　初版第6刷発行

著者　　　パティ・ライオンズ
訳者　　　西村知子
装画　　　フランクリン・ハビット

デザイン　杉山健太郎
編集　　　大槻美和（朝日出版社第二編集部）

発行者　　小川洋一郎
発行所　　株式会社朝日出版社
　　　　　〒101-0065 東京都千代田区西神田3-3-5
　　　　　TEL 03-3263-3321 ／ FAX 03-5226-9599
　　　　　http://www.asahipress.com

印刷・製本　シナノ印刷株式会社

Copyright © Patty Lyons,
David & Charles Ltd 2022, Suite A, First Floor,
Tourism House, Pynes Hill, Exeter,
Newton Devon, EX 2 5SW
Japanese translation rights arranged with
DAVID AND CHARLES LTD
through Japan UNI Agency, Inc., Tokyo